# Magie im Alltag

## Max Moecke

Bahnhofstr. 240 • 44579 Castrop Rauxel • Deutschland
www.hermetischer-bund.de

Mein Dank geht an Peter Windsheimer für das Design des Titelbildes. Des Weiteren an Ariane und Michael Sauter.

Für Schäden, die durch falsches Herangehen an die Übungen an Körper, Seele und Geist entstehen könnten, übernehmen Verlag und Autor keine Haftung.


Castrop Rauxel • Germany

ISBN: 978-1-291-22375-0

„In der Kraft der Wellenzüge. die vor uns hergehen, liegt alle wahre Macht. Hier und nur hier liegt die Wurzel aller Wunder, aller Magie und okkulten Kräfte in alter Zeit. Denn ein Wunder steht nicht im Widerspruch mit der Natur, sondern mit dem, was wir bisher von der Natur wissen.“

Prentice Mulford.

„Ihr seid so klug, und dennoch spukt‘s in Tegel“!

Goethe.

„Erlebnis-Berichte” überschreibe ich dies Büchlein, den Nachfolger meiner Schrift „Hellseh-Wunder”, die sich „Tatsachen-Berichte” nennen musste. Ich bin mir dessen durchaus bewusst, dass die im Nachstehenden berichteten Erlebnisse vielen noch weit märchenhafter erscheinen werden, als die in den „Hellseh-Wundern” festgehaltenen Tatsachenberichte. Zumal angebliche „Verstandes-Menschen” und überlastete „Wissenschaftler” werden den Berichten hilflos oder bequemerweise ablehnend gegenüberstehen. Indes sind die zu berichtenden Erlebnisse für den wirklichen Verstandes-Menschen keineswegs verwunderlicher oder märchenhafter, als die modernen Errungenschaften etwa der Technik. Dem erfahrenen „Okkultisten” werden die hier wirksamen Gesetzmäßigkeiten durchaus nicht so unbekannt sein.

Wir werden im weiteren sehen, was schon in dem Mulfordschen Motto einleitend gesagt ist: Dass „Magie” auf Strahlkräften beruht. Nun schreibe ich aber dies Büchlein in einer Zeit, da die Magie der Technik uns täglich und stündlich mit einer Unzahl geheimnisvoller Fernwirkungen durchstrahlt: Wellen, von winzigen Apparaten gestrahlt, laufen als Radiowellen in einer Sekunde achtmal um den

ganzen, großen Erdball Wellen physikalischer Art lösen mächtigste chemische, physikalische, physiologische Wirkungen aus. Und diese Wellen sind uns in ihrem innersten Wesen ebenso „okkult”, geheimnisvoll, unbekannt, wie ihre erstaunlichen, ins Märchenhafte gehenden Leistungen, die der zivilisierte Mensch leider ebenso selbstverständlich hinnimmt, wie so viele Wunder der freien Natur. Ist es nicht märchenhaft, dass unsichtbare und mit wachen Sinnen unfühlbare Wellen auf weite Entfernungen hin Musik werden können, treffen sie ein entsprechendes Empfangsgerät, dass elektrische Wellen, obgleich wir das Wesen der Elektrizität noch gar nicht kennen, Riesenmaschinen, Schiffe, Fahrzeuge, Flugzeuge treiben können, dass sie strahlendes Licht und gesunde Heilkraft werden, wohlige Wärme, zündendes Feuer und grauenvolle, zermalmende Gewalt? Wellen feinster Art werden Lichtphantome, die lebenden Menschen gleichen, die sprechen und singen können, die zuhandeln scheinen und sinnvoll sich geben. Wellen werden gesprochenes Wort und tönender Rhythmus des Alltags, den griesgramgraue Seelenstimmung einen „grauen Alltag” genannt hat.
Der „Magie der Technik” steht in diesem in Wirklichkeit unsagbar bunten, unaussprechlich schillernden „Alltag” die *Magie des Psychischen* gegenüber. Geheimnisvolle Kräfte des Psychischen strahlen, weben, wirken, formen und schaffen ständig in unserem Sein, keineswegs geringer an Kraft als jene maschinell, mechanisch erzeugten Wellen. Und sie sind in Wirklichkeit wahrscheinlich nur das andere Ende jener Strahlenskala, die bis ins Physikalische reicht. Denn mechanische Strahlen vermögen ja psychische Energien anzuregen, auszulösen, und psychische Strahlungen wiederum vermögen chemisch-physikalische, physiologische Veränderungen hervorzurufen als Folge veränderter Schwingung. Der Hellfühlende vermag die chemisch-physikalische Schwingung und Potenz, sogar die Molekular- und Ionenschwingung zu erfühlen, und physikalische Wellen radioaktiver Art z. B. vermögen stärkste Veränderungen, auch stärkste Schädigungen in der Psyche des Menschen hervorzurufen. Nur demjenigen, der wie ein eisenbepanzerter Hoplit überlastet ist

mit den Vorurteilen einer naturgemäß niemals sehr elastischen Schule, werden diese Tatsachen wie kühne Spekulationen erscheinen. Der wirklich „nüchterne" Tatsachenmensch, der darum keineswegs ein unsensibler Klotz zu sein braucht, wird hingegen konstatieren, dass wir mitten in einer Zeitepoche leben, in der die Fragen nach der „Schwingung" selbst in pädagogischen, in medizinischen, in charakterologischen und wirtschaftspolitischen, weil psychologischen Fragenkomplexen weitestgehende Beachtung und praktische Anwendung finden.

*Der magische Zweck* dieses Büchleins ist der, dem elastischen und darum befruchtbaren Wissenschaftler Anregung zu geben, seine Aufmerksamkeit mehr noch als bisher auch den anderen als hellseherischen Innenkräften des Menschen zuzulenken. Den ernsthaften und kritischen Freunden der okkultistischen Forschung wird diese kleine Auslese eigenartiger Erlebnisse wertvolle Aneiferung und Ergänzung ihrer Forschung sein – den aktiven „Okkultisten" sicherlich auch Anreiz zur Entwicklung und Betätigung eigener, weißmagischer Kräfte. Den Kennern und Freunden meiner kleinen Selbstbiographie, die bekanntlich erst auf das Drängen der Öffentlichkeit hin geschrieben wurde („Wie ich Hellseher wurde"), werden hier zu dieser Biographie reizvolle Ergänzungen gegeben. Denn die Biographie musste sich, weil ich mit ihrer umfangreichen Ausgabe noch zuwarten möchte, auf Andeutungen beschränken. Wenn vollends durch die folgenden Berichte über magische Heilungen und weißmagische Fernwirkungen den Lichtkräften der „weißen Magie" neue Jünger, der „Weißen Loge" neue Glieder zugeführt werden, erfüllt dies Werkchen seinen weißmagischen Höchstzweck! — Bevor ich jedoch an die eigentlichen Berichte gehe, sei nochmals die Frage betrachtet:

## *Was ist Magie?*

Der gründliche Leser meiner so überaus günstig beurteilten Hellseh-Schule: „Auch du kannst hellsehen!" wird sich unschwer meiner

Ausführungen über „Mantik" (Mystik) und „Magie" erinnern, die ich in jenen Büchlein als wichtigen Schlüssel zur Erfassung der „Geheim"-Lehren geben musste. Obgleich ich hier auf „Mantik" nur kurz eingehen kann, sei erwähnt, dass Mantik das prinzipielle Gegenteil von Magie ist. Beide haben ihrer Wesensart nach mit der Wirkung von Strahlen psychischer Geartung zu tun. Diese Strahlungen können von unseren unterbewussten Elementen ausgehen oder auch von den unterbewussten psychischen Elementen der Tiere. Es können aber auch „tote" Gegenstände, die mit odischen Fluiden getränkt sind, die Träger der hier zu behandelnden Strahlungen, zumal magischer Art, sein. Unter „Od„ wollen wir „Fluide der Lebensenergie des Menschen" verstehen, da hier zu eingehenderen Auseinandersetzungen nicht Raum ist. Bei der *Mantik (Mystik)* sind wir oder die Tiere – aus naheliegenden Gründen radiotechnisch gesprochen – die Empfänger solcher Strahlungen psychischer Natur. Die echte Telepathie (gemeint sind naturgemäß nicht etwa die oft töricht anmutenden Stecknadelsuchereien der üblichen artistischen Wander-„Telepathen") ist die psychische Analogie zur Radiotechnik. Wir empfangen telepathische Sendungen unserer Mitmenschen, empfangen die uns sympathischen oder antipathischen Wellen ihres Unterbewusstseins, erfühlen womöglich ihre Schmerzen, ihre „Stimmungen", ihre Wünsche. Wir erfühlen den Sinn ihrer Körperformen, das Wesen, das aus ihrer Schrift, ihren Handlinien, ihrem erfühlten Horoskope spricht. Wir erfühlen unter Umständen die Schwingungen ihrer geheimsten Wünsche, Gedanken, Erlebnisse, wandeln sie durch ein geheimnisvolles Organ des unterbewussten Menschen wie beim Bildfunk um und haben mantisch hellseherische Einsicht visionärer Art. Bei der *Magie* nun sind wir die „Sender" solcher psychisch gezeugter Wellen: Wir beeinflussen, bestrahlen Menschen und Tiere und – wenn es diese gibt – folge-richtigerweise auch körperlose Wesenheiten, ebenso wie schließlich „tote" Gegenstände. Wir senden hypnotisierende Strahlungen bei der „Mentalsuggestion", wir sind „Sender" als aktive Telepathen (wieder echte Telepathie gemeint !), wir senden heilende

Energien oder oft ungewollt auch krankmachende Energien unserer Lebenskräfte auf Menschen, Tiere und „tote" Gegenstände, die die Geheimnisse unserer Wesenheit ebenso aufnehmen, wie sie sich mit unserer Heilkraft aufladen oder durch unsere Krankheitsstrahlung störend beeinflussen lassen können.
Unsere Wunschkraft setzt oft ungeheuer starke Wellen solcher Art in Bewegung, in magische Aktion: Fluch und Segen, Liebe und Hass sind Strahlungsvorgänge magischer Energien!! – Wir müssen uns abgewöhnen, das Wort „Magie" assoziativ mit einem unklaren Schauder zu erleben. All diese an sich mysteriösen und für den Romantiker sicherlich nicht unfruchtbaren Gruselerlebnisse fallen in Verbindung mit okkultistischen Problemen fort, wenn wir nicht immer eine unnötig verzerrende Brille aufsetzen, betrachten wir diese Gebiete.
Wir brauchen nur einige längst bekannte Vorgänge aus dem Menschen- und Tierleben herauszugreifen und darauf hinzuweisen, dass ja hier bereits diese „dunklen" Kräfte wirksam sind, und wir werden auch außergewöhnlich erscheinenden Erlebnissen und Vorgängen gegenüber ein vertrauteres Gefühl haben.

## *Tiere als Mantiker und Magier.*

Auch Tiere können ja magisch wirken und magisch beeinflusst werden. Wie oft erleben wir es an Hunden und Katzen, dass sie von etwas Unsichtbarem beeinflusst werden, anscheinend von unsichtbaren Wesen oder okkulten Kräften. Die Tiere wirken dann als Mantiker, als magisch Beeindruckte. Sie fauchen und bellen im Finsteren oder gar am hellen Tage etwas, niemandem Sichtbares an, das wir vielleicht als eine eigenartige „kalte Welle" empfinden, zumal in alten Gebäuden, in denen es angeblich „spukt". Oder Tiere meiden geflissentlich gewisse Räume, Menschen, Gegenstände, führen mit Kräften, die von diesen ausgehen, mit der Magie, die von diesen aus wirkt, Kampf und Feindschaft. Wie modernste Versuche z. B. von Professor Dr. Bechtereff, dem bekannten Psychologen beweisen, lassen sich Tiere regelrecht durch echte Telepathie beeinflussen, reagieren also auf magische Willensimpulse. Tiere fühlen die magischen Vorstrahlen eines Unglückes voraus, die schwächer werdenden Lebensstrahlen z. B. Sterbender, die an sich für menschliche Durchschnittserfühlung noch ganz „gesund" sein können. Die Erfühlung der magischen Sympathiestrahlen und Antipathiestrahlen durch Tiere sind alltägliche „Selbstverständlichkeiten".

Wir wissen, dass selbst „wilde" Tiere Kindern kaum etwas tun, auch wenn diese Kinder die Tiere aus Ungeschick heraus schlecht behandeln. (Nicht etwa gemeint die oft bei Kindern hervortretende sadistische Ader.) Die Kinder wirken in diesen Fällen ungeschickter Behandlung durch die Magie ihrer trotzdem bestehenden Güte oder doch Gutmütigkeit. Wirkt schon der Mensch magisch, wenn er z. B. als aktiver Telepath auf weite Entfernungen hin Gedanken, Zeichen, Zeichnungen und Vorgänge sendet, wie Versuche zwischen Berlin und Wien und Wien und Athen bewiesen, so wirkt er erst recht magisch und als „Sender", wenn er z. B. bewusst seine Heilkraft als Magnetopath dem Patienten überträgt, den zu Behandelnden suggestiv durch Wortmagie und Faszinationsmagie beeindruckt oder als Mental-Suggestion zwingt, Dinge zu erleben, die gar nicht vor sich gehen, wie bei der Hindu-Hypnose. (Siehe Anleitung hierzu in den folgenden Büchern, wie „Telepathie-Schule" und „Macht über Menschen") Aus der Naturwissenschaft ist uns schon längst die außerordentlich starke magische Fähigkeit verschiedener Tiere bekannt: Die Schlange schreckhypnotisiert durch die magische Strahlung ihres Auges das Kaninchen, das sie verschlingen will, der Zitterrochen verteidigt sich durch Aussendung elektrischer Schläge gegen seine Verfolger, sogar die harmlose Hausgans wird zur Magierin von Qualität, wenn sie ihre niedlichen Jungen gegen Angreifer aller Art verteidigt und zischend starke magische Strahlen elektrischer Art aussendet. Wer je das zweifelhafte Vergnügen hatte, Esel in Pferdeställen unterbringen zu wollen, zumal in fremden Ställen, wird die panische Furcht der Pferde vor Eseln kennen. Er wird wissen, dass ein von dem Pferde noch so sehr getretener Esel nicht um Haaresbreite von der Stelle weicht, sondern starr und faszinierend stehen bleibt und mit gesträubtem Fell irgendwelche Strahlen umherpeitscht, die den Pferden den Angstschaum heraustreiben. Sämtlichen Katzentieren wohnt eine starke magische Kraft inne, was auch aus der elektrischen Reaktionsfähigkeit ihres Felles leicht erkenntlich ist, und in den ältesten Volkssagen schon spielen sogar jenseitige Tiere als Magier neben jenseitigen Menschen eine große Rolle. Wenn wir in der Form weiterleben, wie es die größten Geister der Weltgeschichte bisher geglaubt und gelehrt haben – müssen *Jenseitige* naturgemäß ebenfalls eine starke mantische Fähigkeit zur Schau unserer Gedanken, Wünsche und Erlebnisse haben. Denn sie werden ja von den Strahlen direkt und nicht erst auf dem abschwächenden Umwege über die so stumpfen Körpersinne beeindruckt. Und sie müssen dann konsequenterweise auch ausgezeichnete Magier sein, zumal nach jenen Menschen hin, die auf ihre Strahlen und Wellenlänge „abgestimmt" sind.

*„Tote Gegenstände",* die unsere Strahlung und die in die Strahlung eingebetteten Eigenarten aufsaugen können, vermögen weniger „mantisch" zu wirken, denn sie haben ja kein Bewusstsein, das wir zu diesem Vorgange wahrscheinlich voraussetzen müssen. Oder wir ersehen in ihrer Fähigkeit, Strahlen aufzufangen – Mantik. Aber sie können unglaublich stark magisch wirken. Sie können die odische Strahlung des Magnetiseurs bei Heilbehandlungen als starkes Medium weiterstrahlen, den Segen des Gebers und freundlichen Besitzers ebenso wie den Fluch dessen, der durch sie Unheil erfuhr oder mit ihnen gemeinsam Unglück erlebte, so dass unglückhaftes Od den Gegenstand tränkte. Daher kennen wir ja – auch bei „Kulturvölkern" – Amulette und Talismane, angefangen von Mütterleins Bildnis oder einem winzigen Gegenstand der Geliebten bis hinauf zum Unglücksauto oder Unglücksschiff im negativen Sinne der Talismanwirkung. Bekannt ist der Sport-„Aberglaube", dessen sich der „Kulturmensch" nicht schämt, und der gewöhnlich wirklich in Unfug oder Aberglauben ausartet. Wir brauchen nicht erst zu den

„Natur"-Völkern zu gehen, um allerlei Magie mit Menschen, Tieren, Jenseitigen und „toten" Gegenständen zu erleben, allerlei magische Handlungen und Wirkungen in ernsthaftem Sinne: Betrachten wir doch nur die magischen Beschwörungen und Segnungen der katholischen Kirche, auch ihren Bannfluch, der nicht ungefürchtet ist. Man denke an die „Exorzismen" und z. B. im Frühjahr an den „Felder-Segen", den ihre Priester betreiben, persönlich wirkend und in Anlehnung an den „Gnadenschatz" der Kirche. Wie ein Akkumulator an magischer Segenskraft ist er vorstellbar. Beachten wir die „Sakramentalien" der Kirche, ihre „Weihungen" und „Segnungen", ihr „geweihtes" Wasser, das Öl der „letzten Ölung", in vielen Fällen die letzte Rettung und sogar körperliche Gesundungsmöglichkeit des Kranken. Denken wir an das geweihte Feuer, geweihte und gesegnete Nahrungsmittel, z. B. zu Ostern. Vergessen wir nicht die „Skapuliere", Medaillen und Rosenkränze, die geweihten oder gesegneten „Heiligen" Bilder, Bücher, Kruzifixe, Kleidungsstücke des Gottesdienstes, den Weih- rauch, die geweihten Kerzen, Orte, Gebäude, die gegen magische Wirkung des Bösen schützen, aber ihrerseits auch magisch gegen das Böse gefeit werden sollen.

Die magische Gebetswirkung ist der katholischen Kirche geläufiger als irgendeiner anderen konfessionellen Gruppierung, und sie kennt und übt in höchstem Maße auch die Magie der Toten. Sie wirkt magisch zu deren Aufstieg und Befreiung, aber sie kennt und erwartet auch die magische Wirkung des „Schutzengels", der Heiligen und der erlösten „armen Seelen", denen ein magischer Kult von grandiosen Ausmaßen und Wirkungen gilt. Und wie die katholische Kirche die Magie von den Lichtsphären her kennt und ihrer würdig zu sein bestrebt ist, so kennt sie auch die schwarze Magie der Dämonen und Nachtsphären. Und ihre Weihungen und Segnungen wie ihr ganzes Wirken sollen ja die weiße Magie des Lichtes diesen schwarzen Magiern entgegenstellen.

Der Magier-Ausweis des Verfassers ist für die Abfassung so seltsamer Erlebnisse wie der im folgenden geschilderten durchaus nicht unwichtig. Darum sei auch diesem Büchlein das gerade gegenwärtig in den astrologischen Zeitschriften als „außerordentlich" diskutierte Horoskop des Verfassers wiederum beigegeben. Es wird den Verfasser als Verstandesmenschen ausweisen, als sachlichen, nüchternen und gewandten Beobachter, unbeeinflussbar trotz aller starken mantisch-seherischen und magisch-suggestiven Anlagen, die astrologisch geradezu eine Einmaligkeit dokumentieren. Wie aus der kleinen Biographie ersichtlich ist, stammt der Verfasser aus Ostoberschlesien, aus dem Kreise Beuthen. Und es ist nicht unwichtig, zu wiederholen, dass die dortige Bevölkerung sich neben ungewöhnlicher Intelligenz durch besondere Grausamkeit, Energie und Verschlagenheit auszeichnet, so dass schon das Kind durch das Milieu zur Furchtlosigkeit und zum Draufgänger erzogen wurde.

## *Max Moecke's Horoskop*

Nach einstimmiger Aussage aller prominenten Astrologen weist dieses Horoskop, das die Zeitschrift „Zenith" als Zentralblatt astrologischer Forschung „fast als einmalig" anspricht, Max Moecke, den „besten Hellseher der Gegenwart" als „den berufenen Hellseher" aus dessen „Laufbahn eine erfolgreiche, ruhmreiche und sehr glückliche sein wird". (Februarheft des „Zenith". Siehe auch die „Astrale Warte".) Das Horoskop bestätigt auch die ganz ungewöhnliche Medialität und magischen Fähigkeiten Moecke's, des „Hellsehers par excellence", wie die astrologischen Blätter ihn nennen, vor allem auch seine „starke Heilkraft, Heilinstinkt und medizinisches Hellsehen". Dabei ist wichtig, was ebenfalls in der Biographie erwähnt wird, dass der Verfasser als Kind orthodox römisch-katholischer Eltern in einem geistigen Milieu aufgewachsen ist, das die erwähnten magischen Praktiken und Lehren der Kirche ganz besonders stark miterlebte. Es war das ganz besonders deswegen der Fall, weil die Großeltern wie die Eltern Kirchenorganisten und Kirchendirigenten waren, der Großvater väterlicherseits außerdem Erbauer einer Kirche und Patron eines

Gnadenkirchleins. So ist verständlich, dass das Kind schon sehr viele magische Erlebnisse hatte, ohne sie absonderlich zu finden oder sich gar zu fürchten. Schon das Kind kannte sehr wohl ihm innewohnende magische Fähigkeiten und setzte großes Vertrauen in diese magische Strahlkraft, durch die rabiate Bevölkerung zu solcher Selbstanalyse und Kräfteabschätzung gezwungen. Für den kritischen Leser und zumal für den Forscher wichtig zu wissen sind noch die Tatsachen, dass der Verfasser im Grunde ein religiöser, wenn auch konfessionell nicht unbedingt gebundener Charakter ist, für den eine ethische Lebensauffassung, Lebenselement und Gegebenheit sind. Die Astrologen werden diese Behauptungen leicht nachprüfen können, zumal das Geburtsdatum wirklich genau festliegt.

*Magische Kindheitserlebnisse:*

Schon das Kind hatte einen überaus konzentrierten Blick. Er ergab sich wohl aus der starken seherischen Veranlagung und der damit verbundenen Frühreife des Kindes, dann aber aus seiner angeborenen Tendenz, ruhig und konzentriert zu beobachten. Dieser „magische Blick" des Kindes war ihm Anlass zu einer ganzen Reihe von Entdeckungen, vielleicht überhaupt der Anlass, durch eigentümliche Beobachtungen stutzig zu werden und den innewohnenden okkulten Kräften Aufmerksamkeit zu schenken. So mieden verschiedene, dem Kinde nicht sympathische Besucher, noch als es ganz klein war, grundsätzlich Besuche bei seiner Mutter, solange es anwesend war, und erschraken heftig, wenn das Kind plötzlich auftauchte. Es gab Lehrer, die schon den Abc-Schützen und seinen prüfenden Blick fürchteten. Als Sextaner flog ich unweigerlich aus der Klasse, wenn ich meinen Deutschlehrer, Professor Dietrich am Kgl. Gymnasium in Königshütte, nur ansah. Ich musste stets „auf Vordermann" sitzen, weil er sonst verwirrt wurde, und mein Naturgeschichtslehrer Haase, der zur Zeit in Berlin lebt, war der erste, der etwas von „Hypnotisierenwollen" sprach, als ich ihn durch meine Fixierung aus der Ruhe brachte. Er weiß es vielleicht heute noch nicht, dass ich es als Quartaner schon fertig brachte – ohne etwas von „Hypnose” zu wissen –, ihm das geheiligte Zensurenbuch aus der Hand zu nehmen, ihn fixierend, es einsehen zu lassen und es ihm dann wieder in die Hand zu geben. So wusste ich auch schon als Kind, dass ich durch Fixieren der Leute in der Bahn immer Platz bekam, beim Kaufmann immer sofort vorgelassen wurde und den Briefträger sogar zu einem ganz unmilitärischen Gruß mit der Uniformmütze zwingen konnte. Ich habe nie vor noch so großen Hunden Furcht gehabt, sondern ich zwang sie schon als Kind immer unter meinen Willen, dressierte noch ältere Tiere, sogar Katzen, die sonst nicht reagieren. Mit einem Papagei stellte ich regelrechte telepathische Versuche an, lenkte ihn durch Gedanken und rettete im Felde später dadurch vielen Kameraden das Leben, dass ich einen störrischen Maulesel auf einem engen, mit Granaten belegten Saumwege durch magische Gegenstriche zwang, weiterzugehen und den stockenden Heereszug nicht aufzuhalten.

Gefürchtete Rohlinge haben mir schon als Kind allerlei Dienste erwiesen und sich sofort gefügt, wenn ich etwas von ihnen verlangte, weil sie von dem durchaus bewusst gebrauchten Blick verdutzt und beeinflusst waren. Ich lasse heute noch mit Vorliebe preisgekrönte Polizeihunde auf mich hetzen, ziehe absichtlich einen guten Anzug an und – erlebe es immer, dass das Tier mich nicht angreift, sondern sich mir zu Füßen legt und meine Befehle ausführt. Als Student in Würzburg bewies ich z. B. der Familie des Fabrikanten Schloss, dass selbst ein ungeschulter und böser Kettenhund wie ein dressiertes Tier gehorchte und Befehle verstand und ausführte, die ihm völlig fremd sein mussten.

Als Gymnasiast habe ich auf dem großelterlichen Gute kurzerhand einen dreijährigen, kräftigen Zuchtbullen vor den Pflug gespannt und ihn zum Schrecken der Bauern mit größter Gelassenheit seine Furchen ziehen lassen. Meine ersten „Helden”-Taten dieser Art lieferte ich als Dreikäsehoch mit einem besonders bissigen Gänserich, der selbst Erwachsenen auf den Kopf sprang.

Als Gymnasiast zupfte ich einmal in einem Zirkus einem Löwen ein

Barthaar aus, ohne angegriffen zu werden, und einen kleinen Löwen, der eben furchtbare Prügel bekommen hatte und vor meinen Augen seinen Peinigern den Arm zerfetzte, nahm ich mit dem Erfolg auf den Arm, dass mich der Besitzer – Zirkus Holzmüller – für verrückt hielt und der Löwe selbst größte Zärtlichkeit zeigte, während er anderen gegenüber sofort fauchte oder die Tatze brauchte. Schon als Kind habe ich in bewusster Magie die seltsamsten Tiere gezähmt und die sonderbarsten Tierfreundschaften vermittelt, sogar magische Versuche mit Vögeln und Schmetterlingen angestellt und eine ganz besondere Spezialität darin ausgebildet, schreiende Babies durch Blick und bewusste Strahlung zu beruhigen. Wenn man bedenkt, dass in meiner Heimat wegen der Eigenart der Bevölkerung die Tiere alle sehr scheu und wild sind, wird man verstehen, dass der Umgebung dieser Einfluss des Kindes auffallen musste.

*Magische Belästigungen* hatte ich als Kind eine Zeitlang in für meine Eltern geradezu furchterregender Weise durchzumachen. Eine geraume Zeit lang, als ich noch gar nicht zur Schule ging oder eben in den ersten Schuljahren stand (ich ging schon mit fünf Jahren zur Schule), hatte ich nachts grauenvolle Visionen zumal einer weißen Männergestalt, die pünktlich nachts auf mich zukam, auch wenn ich mich hellwach glaubte und die Eltern anrief. Sie würgte mich und drohte mich zu ersticken. Kein kalter Wasserguss der Eltern, keine Schläge halfen dagegen. Vor ihren Augen wurde ich durch eine magische Kraft hochgehoben und wieder zurückgeworfen. Die grauenvollen Erlebnisse verschwanden erst, als ich, durch eine ironische Bemerkung der Mutter bei Tage im Ehrgeiz gekränkt, mit der Gestalt regelrecht zu ringen begann. Ich wartete förmlich auf die Vision, warf Kissen und erreichbare Dinge danach, unterlag aber in der ersten Nacht wiederum, um in der zweiten oder dritten Nacht dann endgültig zu siegen. Ich jagte das Phantom förmlich in die Flucht und griff sofort an, wo ich je wieder eine Spur ähnlicher Einflüsse fand. Seither war Ruhe. Vordern aber fanden mich meine Eltern in die unmöglichsten Ecken geschleppt und gequetscht, sogar unter den engen Kinderwagen, obgleich ich normalerweise gar nicht aus dem Bett konnte. Das scheußlichste Erlebnis war, dass ich mich durch jenes „Gespenst" durch die Luft getragen fühlte und – im Keller des Hauses aufwachte, durch die kalten Fliesen erweckt, um in wahnsinniger Hast ins zweite Stockwerk der Wohnung zu laufen, wo die Tür zugeschlossen war. Es wird wohl immer Rätsel bleiben, wie ich durch die verschlossenen Türen gekommen bin! Schon als Kind sah ich im Dunkeln allerlei Gestalten. Immer stierten mich deutlich sichtbare, phosphoreszierende, glimmende Augen an. Ich sah mit hellwachen Sinnen ganze Körperteile und musste lachen, wenn auch andere als ich die Wirkungen scheinbarer unsichtbarer Wesen verspürten, entsetzlich schrien oder die Flucht ergriffen, als ich mich längst daran gewöhnt hatte. Üble Folgen hatte einmal eine Vision, die ich gleichzeitig mit einer Schwester hatte, als ich kaum zur Schule ging. Wir stiegen die Bodentreppe hinan, die Mutter erzählte laut mit einer Nachbarin, und uns gegenüber war die Bodenkammertür im Dunkeln zu sehen. An sich war es heller Mittag. Plötzlich stand vor uns grinsend ein überlebensgroßer Chinese, so dass vor Schreck wohl unsere Knie versagten – wir waren noch sehr klein –, wir rollten die Treppe herunter, ein Fenster wurde mit wilder Gewalt wie von einem plötzlichen, unmotivierten Sturm aufgerissen, und ich verlor für einige Tage das Augenlicht, da die Augen zuschwollen und förmlich zuwuchsen, um eines Tages ebenso plötzlich völlig in Ordnung zu sein.

Die Gestalten, die ich sah, waren auch derart, dass es freundlich aussehende Wesen schienen, die mir z. B. als Kind schon mit dem Finger drohten, wenn ich naschen wollte. Man könnte meinen, es seien Personifikationen des „Gewissens" oder der starke Glaube an den „Schutzengel", der solches bewirkte. Aber es kam vor, dass ich diese gleiche Gestalt warnend vor mir sah, wenn irgendwo ein Mauerstück herunterfiel, eine Bahn kam oder ein wildgewordenes Pferd ausschlug, und selbst später im Felde und auch im Kohlenbergwerk sah ich diese Gestalt als freundlichen, unbedingt zuverlässigen Warner.

*Magie der Hypnose:*

Wie wir in der Einleitung bereits sagten, gehört die aktive Hypnose zu den magischen Praktiken. Sie wird gern von Theosophen grundsätzlich als schwarze Magie benannt, was selbstverständlich irrig ist, denn es dürften der Zweck und die Art allein über diese Note entscheiden. Ich habe mich von jeher als Praktiker dagegen entschieden verwahrt, dass weitere Kreise lehrten, die Hypnosewirkung beruhe allein auf Suggestivwirkung des Wortes oder der Ermüdungspraktiken. Oder Somnambulismus sei ein „tieferer Grad der Hypnose". Ich kann nur annehmen, dass solche Lehrer von praktischer Hypnose ebenso wenig verstehen wie seinerzeit der Universitätsprofessor Dr. St. in Würzburg, den ich als Menschen an sich durchaus verehre. Er hielt in einem Kolleg in der Poliklinik: „Heilzauber der Natur- und Kulturvölker" auch ausladende Hypnosevorträge. Als er aber um Beispiele gebeten wurde, gestand er, nie hypnotisiert zu haben. Ich habe dann die praktischen Übungen in der Poliklinik demonstriert. Meiner Auffassung nach (die auch inzwischen, zumal von isländischen Gelehrten, als richtig erwiesen wurde) wirken die persönlichen Strahlungen des „Hypnotiseurs" sehr stark mit. Die wenigsten Hypnotiseure von Erfolg werden sich lange auf Ermüdung und Faszination einlassen. Und nur bei einem somnambul Veranlagten wandelt sich die tiefere Hypnose in Somnambulismus, jenen viel reineren Zustand, weil eben das Medium die Strahlen des Hypnotiseurs aufzusaugen und seinen Schlaf so zu wandeln beginnt.
Der reine Somnambulismus wird nur durch Strahlung hervorgerufen, und es gibt herrlich begabte Somnambule, die aber noch nie zu hypnotisieren waren. Ich selbst kam auf die Hypnose, ohne je etwas von ihrer Existenz zu wissen, einfach durch die seltsamen Erlebnisse mit der Wirksamkeit meines Blickes. Ich fühlte durch die Behandlung von Tieren, der erwähnten Babies und selbst Erwachsener, dass mir solche geheimnisvollen und allgemein offenbar unbekannten Kräfte innewohnten, und – ich hypnotisierte

eines Tages. Eigentlich zum Scherz: In Brieg bei Breslau 1919 beim Kriegskursus hatten wir einen Kerl, der trotz seiner neunzehn Jahre eigentlich ein Willensriese war. Er bummelte viel und wollte eines Tages ausgehen, mich aber vorher anpumpen. Ich lehnte das ab und erklärte, um ihn zum Dableiben zu veranlassen, ich könne „hypnotisieren". Er ging darauf ein, etwas zu sehen, fiel bald wie tot um, und – ich hatte ihn aus Ulk richtig hypnotisiert. Aber ich benahm mich wie ein erfahrener Hypnotiseur, für den er mich auch hielt, kam gleich auf die Idee, ihm für den nächsten Tag eine Suggestion zu geben, und ließ ihn so eine gelungene „Posthypnose" ausführen. Daraufhin renommierte er vor den anderen Kursuskollegen mit meinem Hypnotiseurtum. Als ich es zeigen sollte, fielen gleich mehrere auf einmal in Tiefschlaf, und von da ab habe ich in Brieg und Ohlau, auch in Breslau, fast täglich hypnotisiert, Mensch und Tier, was mir gerade in den Weg kam, und ich bekam daher sehr viel Erfahrung.

Schon als Kind hatte mir das Erlebnis des „Alten Fritzen" sehr imponiert, der sich die Schlüssel der Festung Breslau selbst holte und mit seinem stechenden Blick den zielenden Posten kampfunfähig machte. Da er obendrein in dem Schloss meiner Ahnen den Vorfrieden zum Frieden von Breslau unterzeichnete, stand er meinem Ideenkreis immer recht nahe, und dieser Art entsprechend registrierte ich nun meine eigenen Erlebnisse. Sie arteten bald auch in ähnliche „Heldentaten" aus: Schon am „Chemin des dames" war mir als Front- und Nahkämpfer öfter aufgefallen, dass meine Gegner, wenn ich ankam, wie erstarrt dastanden und wie willenlos wurden, so dass ich ohne jede Verletzung Gefangene machte. Im Polenaufstande in Oberschlesien nun passierte es mir eines Morgens, dass plötzlich ein junger Bursche an der Kirchhofsmauer auf mich aus wenigen Schritt Entfernung anlegte, und zwar mit einem soliden deutschen Infanteriegewehr. Ich entsann mich blitzartig der Szene des „Alten Fritzen" und sagte dem Burschen ironisch auf polnisch: „Wie hältst du, Lausebengel, denn bloß das Gewehr? Man sollte dir eine Semmel in die Hand geben, aber kein Gewehr!"

Der so freundlich Titulierte besah sich seine wirklich sonderbare Haltung, stand beschämt auf und – schlich davon.
Ähnlich tüchtig war in den gleichen Zusammenhängen ein deutscher Grenzschutzsoldat: Er schoss auf wenige Meter Entfernung mit dem Maschinengewehr um meine Ohren, als ich direkt auf sein Nest zukam.
„Mensch, wo schießt du denn hin? Das Gewehr ist ja verkantet!" rief ich ihm zu.
Ich kam dicht heran, schubste ihn weg, richtete ihm das Gewehr richtig ein, da es wirklich „verkantet" war, und er ließ mich gewähren, bis sein Feldwebel zu schnauzen begann. Eine ähnliche Schreck-Hypnose rettete mich wiederholt im Rheinlande wie im besetzten oberschlesischen Gebiete vor der Verhaftung wegen Passablaufs. Bekanntlich kannte sich zeitweise kein Mensch mehr in den Bestimmungen aus, und da ich oft in Okkultistenkreisen im Rheinlande zu tun hatte, stimmte eines Tages mein Pass nicht. Die Engländer hatten ihn gut befunden, aber der Schwarze, der in der französischen Zone herumwirken durfte, ohne überhaupt lesen zu können, suchte nach einem Bild. Die anderen Reisenden hielten irgendein Kuvert hin, klemmten mit dem Daumen ein Bild darauf und – wurden durchgelassen. Ich sollte mitkommen. Ich dachte nicht daran, sondern fixierte den Schwarzen sehr entschieden, führte ihn aus dem Abteil und schloss die Tür, ihn immer noch fixierend. Er war steif und starr und erwachte erst aus der Starre, als ihn ein Offizier anrief, da der Zug doch endlich abgelassen wurde.
Die Mitreisenden machten natürlich große Augen. Schreckhypnose war auch einmal in Zürich das einzige Mittel, einen plötzlich fanatisch und hysterisch wie besessen aufstehenden Sektierer zur Ruhe zu bringen. Ich machte im Hirschengraben-Schulhaus sehr erfolgreich Hellseh-Experimente, von denen man heute noch in der Schweiz Einzelheiten kennt – als dieser Fanatiker aufstand und schrie: „Höre, Volk Gottes, dieser Mann steht mit dem Teufel im Bunde!"
Da in Zürich sehr viele recht bigotte Sekten existieren, merkte ich die

große Gefahr einer Massenbeeinflussung und eine Gefährdung des Vortrages, der dem Zweck des „Naturheilvereins" dienen sollte, und fixierte also den Schreier, indem ich ihm sagte: „Sie können ja gar nicht sprechen! Erst draußen auf der Treppe, wenn Sie den Saal gleich verlassen, können Sie wieder sprechen!"
Er hatte den Mund sofort wie zugeklebt und verließ stumm den Saal, um unten am Eingang die Sprache wiederzufinden.
Oft habe ich in dieser Zeit, da ich mich mit den Problemen allzu stark beschäftigte, aus Versehen hypnotisiert, zumal auch deswegen, weil ich durch sehr intensive Yogaübungen (siehe „Auch du kannst hellsehen!") meine Strahlungen sehr gestärkt hatte. So kam es einmal in der Bahn vor, dass eine mir zum Glück mit Namen bekannte Dame mit offenen Augen, so dass es eben niemand merken konnte, in Tiefschlaf verfiel, aus dem ich sie schließlich beim Verlassen des Zuges durch laute Suggestion wecken musste. Ebenso löste ich in einer wissenschaftlichen Vereinigung in Brieg bei Breslau im Jahre 1919 schon die Streitfrage, ob es eine Hypnose wider Willen gäbe, in bejahenendem Sinne. Es ist lediglich schwer, einem Menschen etwas zu suggerieren, etwa gar einen Mord, wenn er zu solchen Dingen nicht sowieso schon neigt. Ich löste die Streitfrage, wie ich durch Unterschriften der wissenschaftlichen Vereinigung ausweisen kann, dadurch, dass ich zwei Lehrer und eine Lehrerin, die ich auf ein Podium stellte, weil sie die Möglichkeit verneinten, offen vor allen Zeugen hypnotisierte, obgleich sie andauernd allen Suggestionen laut widersprachen. Es fing mit dem Hinsetzensollen auf einen Stuhl an. Alle wurden gleichzeitig hypnotisiert und waren dann völlig willenlos. Ich selbst hatte allerdings tagelang danach Nervenbeschwerden wie Neuralgien, weil ich mich zu sehr verausgabt hatte.
*Eine Massensuggestion* größten Stils lieferte ich in der Zeit der Besatzung Krefelds durch die Belgier: In der Stadthalle tobte ein politischer Kampf, die Deutschnationalen unter dem katholischen Pfarrer Wolff (Oppeln) hatten eine Wahlversammlung, die von Anarchisten und Kommunisten gesprengt werden sollte. Es entstand neben großem Tumult eine Prügelei, in die die Belgier mit den

Bajonetten einfielen – alles schien wahnsinnig. Da, „in höchster Not", wie es in der Zeitung hieß, sprang ich, zufällig vom Bahnhof im Reiseanzug kommend, aufs Podium und beruhigte durch eine förmliche Massensuggestion in wenigen Minuten die Versammlung, die mir auch seitens aller Parteien den Dank aussprach, bevor wir dann friedlich und freundlich plaudernd nach Hause gingen!

Von Tierhypnosen sprach ich bereits in der Einleitung. Es sei nun noch über einige Erlebnisse mit Hindu-Hypnose und Mental-Suggestion berichtet: Schon im Felde hatte ich beobachtet, dass ich offenbar imstande war, durch Gedankenkraft herantrabende Pferde wie durch einen Bann anzuhalten. Einmal hätte dies beinahe zur Entlarvung eines prominenten Spions geführt, hätte man nicht durch die Suggestion der Stabsuniform zu lange gezögert. Und als Kind war ich durch einen Scherz dahintergekommen, dass ich verschiedene Hähne durch Gedanken zum dauernden Krähen zu bewegen vermochte. Im Kriegskursus gelang mir dann wiederholt, als mich die Kameraden darum baten, weil sie nicht vorbereitet waren, den Lehrer, Professor Hoffmann aus Ohlau vom Gymnasium, auf dem Katheder einzuschläfern. Er schlief die ganze Stunde, wir verhielten uns ruhig, und als es läutete, erwachte er wieder.

Für all diese unglaublich klingenden Berichte stehen hinreichend Zeugen zur Verfügung.

Eine nahestehende Verwandte vermochte ich auf sehr weite Entfernung hin, es waren immerhin einige hundert Kilometer, hellseherisch zu beobachten und sie einzuschläfern, wenn ich merkte, dass sie noch nicht schlafen gehen, sondern etwas lesen oder tun wollte. Da ich brieflich dann immer sofort bestätigte und über Kreuz die Bestätigung bekam, kann man nicht von „Einbildung" reden, denn ich tat dies auch unter Angabe der Kleidung und näherer Einzelheiten des Zimmers. Es gab dabei oft recht komische Situationen zu berichten.

In Irrenhäusern, so z. B. in der Staatlichen Landes-Irrenanstalt in Merxhausen bei Kassel, habe ich oft bewiesen, dass ich zu eben auch in der eisernen Kammer tobenden Irren hineingehen konnte, die betont bösartig waren, ohne dass sie mir etwas taten. Sie wurden gewöhnlich sehr ruhig und freundlich und blieben so auch eine ganze Weile nach dem Verlassen. Auf einem Dorfe, wohin ich zur Klärung von Diebstählen gekommen war, stahl man mir einmal – in der Nähe von Oberrosen bei Breslau – meinen nagelneuen Hut. Es war gerade eine Tanzfestlichkeit in dem Gasthaus, in dem es geschah, und alles war gestopft voller Gäste. Ich schilderte darum, als mich ein Haufe junger Burschen höhnend umstand, den Täter, nannte seine Anfangsbuchstaben und einiges aus seinem Leben und erklärte, er werde mir gegen Mitternacht den Hut allein bringen, weil er es vor Angst nicht aushalten werde. Mit höchster Spannung wartete man, dass ich mich blamieren würde, aber kurz vor Mitternacht kam der junge Bursche an, ein in der Stadt beschäftigter Kellner, der dem Dorf zeigen wollte, welcher Held er sei. Er troff vor Angstschweiß und erklärte zitternd unter dem Hohne des ganzen Dorfes, es nicht mehr ausgehalten zu haben. Ich hatte mich sehr stark auf Fernwirkung eingestellt, weil meine Blamage die Blamage der guten Sache geworden wäre.

Einen ähnlichen Fall erlebte ich mit einer Zweiundzwanzigjährigen in Berlin, die mir etwas entwendet hatte. Ich beschäftigte mich kurzerhand telepathisch mit ihr, da ich ihren Aufenthalt nicht kannte, und siehe da sie meldete sich eines Tages und ersuchte mich telefonisch, „doch mit ihrer telepathischen Belästigung" aufzuhören.

Es gehört naturgemäß eine starke Schulung zur Erzielung solcher Phänomene in unserer strahlendurchpulsten Zeit, und ich hätte es lieber gesehen, wenn diejenigen Instanzen, die unlängst die Versuche Berlin-Wien und Berlin-Athen ausführten, ein wenig erfahrener in solchen Dingen telepathischer Sendung wären. Denn dann hätten sie nicht die Gegenstände, wie Kuckucksuhren usw., mit übertragen, die gerade vor ihnen standen. (Siehe Anleitung in meiner „Telepathie-Schule".) Die Hindu-Hypnose beruht ganz und gar darauf, dass der Hypnotiseur ungemein starke Strahlungen senden kann, so dass er ohne Worte die Zuschauer zwingt, das zu sehen, was er will. Mir selbst gelangen Hindu-Hypnosen verschiedentlich mit völlig

unvorbereiteten Personen, z. B. in der Wohnung eines Kasseler Justizinspektors. Ich stellte mir mentalsuggestiv zwei Löwen im Zimmer vor, ehe man das Zimmer betrat, und die zufällig hereinkommenden Herrschaften, eine Dame und der Hausherr, wurden plötzlich von einem solchen Schrecken erfüllt, dass die Dame auf den Tisch sprang. Der Hausherr gab an, nur einen Tierkopf mit glühenden Augen gesehen zu haben, die Dame hat merkwürdigerweise eine Kreuzung zwischen Tiger und Löwe gesehen, aber so lebendig, dass sie meinte, ein solches Tier sei wirklich im Zimmer.
In einem oberschlesischen Bergwerk, nämlich in der Mathilden-Grube (Westfeld), machte ich unter Tage ähnliche Versuche. In einem dunklen Stollen (Ort: „Blücher-Flöz") konzentrierte ich mich in einer Arbeitspause auf einen Löwen, projizierte ihn sehr stark in das Dunkel des Stollens, und als zufällig ein junger Bergarbeiter in den Stollen kam, sah er das Tier, wurde also von der Hindu-Hypnose ergriffen. Beinahe wäre ein furchtbares Unglück geschehen, denn er wäre in den Schacht gesprungen vor Angst, so finster war es, hätte ihn nicht im letzten Moment ein Arbeitskollege erwischt und festgehalten. Der junge Bursche hatte eine wahnsinnige Angst und konnte nur mit Mühe beruhigt werden, indem ich ihm kurzerhand Ruhe- und Gegensuggestionen gab. Ich habe mich auf meiner Oberschlesientournee 1931 davon überzeugt, dass meine damaligen Arbeitskollegen jetzt noch von diesen Erlebnissen erzählen.

### *Magische Wirkung auf Somnambule:*

Bekanntlich gehören die Wunderfähigkeiten der somnambulen Medien zu den märchenhaftesten Tatsachen unserer Welt, aber sie sind noch viel zu wenig erforscht. Und unsere Wissenschaft steht mit ihrer kindlichen Gehemmtheit oder wie ein störrischer Esel vor den Toren zu diesem Wissen. Wir wissen ja schon von der magischen Wirkung der Gestirne, z. B. des Mondes, auf die Somnambulen. Ein „Mondsüchtiger", den die magische Kraft jenes geheimnisvollen

Gestirns befähigt, schwerkraftlos an den Wänden empor und auf waghalsigsten Simsen mit tänzerischer Leichtbeschwingtheit zu spazieren, ist doch gewiss ein Erlebnis, das selbst magisch und zauberisch wirkt. Er hat seine Gegenstücke in den Somnambulen, die unter der magischen Strahlung des „Magnetiseurs" ihre Schwerkraft zu verlieren beginnen und wie zu schweben scheinen. Auf dem Wasser schwimmen sie wie Kork. Gerade in dem idyllischen, sauberen Brieg bei Breslau, wo wir eine wunderbar arbeitende Zweigloge der „Indischen Loge" hatten, konnte ich öfter einen jungen Lehrer vorführen, den ich förmlich auf der flachen Hand mühelos halten konnte, so leicht wurde er.

Auf den Kasseler Internationalen Okkultistenkongressen 1921 und 1922, die in der Stadthalle eine Woche lang stattfanden und hinsichtlich ihrer praktischen Leistungen in der ganzen Geschichte des Okkultismus nirgends auch nur annähernd erreicht wurden, führte ich z. B. eine bekannte Sängerin als somnambule Traumtänzerin vor. Durch einen magischen Strich schläferte ich sie auf der Bühne ein, und nach der Musik eines Pianisten stellte sie die jeweils gehörten Motive kontrastierender Art in großer Vollendung dar. Dabei hatte diese Sängerin vorher kaum geübt. Der Eindruck war, bei der Tagespresse zumal, ein sehr tiefer. Die gleiche Dame wurde auch auf dem zweiten Kongress von mir in einen leichten Trancezustand versenkt, und sie spielte orientalische oder sonst völlig unbekannte Musikarten, auch chinesisch, javanisch usw., die sich jeweils einer der Zuhörer im Publikum gedanklich rekapitulierte. Meine magischen Strahlungen zwangen das Musikmedium, das Gedachte zu reproduzieren. Diese unglaublich klingende Leistung brachte Fräulein Z. ohne auch nur eine einzige Übung zuwege, einfach unter dem Einfluss meiner spontanen magischen Vorbereitung. Der gleichen Dame, die musikalisch ungewöhnlich begabt ist, sandte ich einmal ein Gedicht, zu dem ich innerlich eine eigenartige Melodie hörte. Ich kann nicht komponieren und bat die Dame, das mit meinen Strahlungen imprägnierte Papier vor sich hinzustellen, sich einzuschalten und zu warten, ob sie eine Musik hörte. Ich vergaß unter meinen vielen Aufgaben diesen Versuch, kam eines Tages ins Rheinland und hörte bei einem Besuche plötzlich jene mir bekannte Melodie aus dem Nebenzimmer: Die Dame saß am Klavier und prüfte mich, ob ich die Melodie behalten bzw., ob sie die richtige Melodie empfunden habe.

Andere Somnambule ließ ich an einen Tisch herantreten, meist sogar im Wachzustande, und auf dem Tische lagen etliche gewöhnliche Zeitungen. Eine davon hatte ich odisch „imprägniert", gleichzeitig aber magisch in bestimmter Richtung beeindruckt. Einmal sollte z. B. eine Zeitung nach Rosen duften, eine andere sollte sich warm anfühlen, ohne dass ich sie aber berührt hatte. Das Medium, ein junger Lehrer, trat an den Tisch, ohne etwas von meinen Versuchsabsichten zu wissen, blätterte in den Zeitungen herum, schnupperte plötzlich und fragte mich, ob auf einer gewissen Seite Rosenparfüm verschüttet sei. Es war die odisch imprägnierte Seite. Weiter blätternd schimpfte er plötzlich und warf eine Zeitung weg: Er habe sich eben verbrannt, hatte rote Male an der Hand und schimpfte wie ein Spatz, weil ich „etwas gemacht" habe. Diese Duftübertragungen kamen überdies bei allen meinen Bekannten vor, denn jedesmal, wenn ich intensiv an mir gut Bekannte denke, pflegt sich mein Parfüm, oft mit großer Intensität, zu übertragen. Manchmal riechen große Räume danach. Ich selbst erlebte eine solche Duftübertragung magischer Art als Weihrauch von Ambra, als sich eine indische Kommission bei mir einfand, um mich nach Indien einzuladen. Es pflegt immer bei mir nach Ambra zu riechen, wenn ich mich mit indischen Geheimlehren befasse. Ich pflegte zeitweise an unfreundliche Menschen magisch behandelte Briefe zu senden, was dann auch Anlass zu dem Gerücht gab, ich „verhexte" meine Briefe, weil ich naturgemäß damit stark beeinflusste. Rein experimentell machte ich mit Sensitiven öfter die Versuche vor wissenschaftlichen Konsortien, zumal auch in Kassel, auch vor Lehrern der Kriminalschule in Kassel (z. B. dem damaligen Landjägerobermeister Schmidt), Empfindungen wie Wärme, Kälte, Schmerz usw. zu übertragen. So verband ich mich z. B. odisch mit

einem Somnambulen im Nebenraum, stach mich mit einer Nadel in dem Willen, den Schmerz zu übertragen, und der Somnambule empfand plötzlich den Stich.
Schwarzmagier verwenden ja diese Tatsachen auch in dem berüchtigten „Bildzauber", den ich öfter weißmagisch anwenden musste, z. B. bei Kranken-Fernbehandlungen. Bei Somnambulen im Schlaf konnte mein Studienkreis am besten sein magisches Kräfteverhältnis experimentell erproben. Wenn einer der Somnambulen im Tiefschlaf auf dem Diwan lag, wurde den Logenbrüdern die Aufgabe gestellt, durch Gedankenkraft die Bewegung der Glieder, wie turnerische Übungen usw., zu dirigieren. Es ist einem wie ein Wundererlebnis, wenn man aus einiger Entfernung her an eine bestimmte Bewegung denkt, und der Somnambule bewegt sich entsprechend, erst leise, dann immer rascher. Zweifler sollten einfach selbst solche Versuche machen! Ein Somnambuler in Kassel, ein Setzergehilfe, brachte es unter meiner magischen Einwirkung fertig, mit den Fingerspitzen bei verbundenen Augen durch den dicken Deckel irgendeines Folianten zu lesen, wie mühelos. Die Gelehrten, denen ich dies Medium vorführte, das leider später sehr eitel und damit unsensibel wurde, standen wie vor einem Wunder.
Auf dem Kasseler Internationalen Okkultisten-Kongress 1921, zu der Zeit, als unsere heute in „Gruppenkolonne" auftretenden Schwindelhellseher noch mit wer weiß was handelten, führte ich unter Aufsicht von Kriminalisten folgendes magisches Glanz-Experiment vor: Kriminalisten bezeichneten, als die Somnambulen den Saal verlassen hatten, eine beliebige Richtung und Stelle in dem quadratischen Freiraume des Stadthallensaales. Ich selbst konzentrierte mich und zog eine „magnetische Mauer", lediglich durch Gedankenkraft. Die Medien betraten wieder den Saal, konzentrierten sich oder wurden mit verbundenen Augen in Tiefschlaf versenkt, tasteten sich durch den freien Raum und stießen dann an die unsichtbare, durch Gedankenkraft errichtete Mauer so hart an, als sei sie aus Stein und wirklich vorhanden. Kriminalisten deuteten dann eine Stelle in der Mauer an, die inzwischen

hinausgeführten Schlafmedien betraten wieder mit verbundenen Augen den Raum, tasteten die unsichtbare Mauer an und fanden die Stelle, an der ich durch Gedankenkraft ein Loch gerissen hatte, es den Zuschauern durch eine Handbewegung andeutend. Da das Loch zunächst zu eng war, kamen sie nicht hindurch, als sie den Befehl zum Hindurchkriechen bekamen. Das Loch musste erweitert werden, dann kamen sie hindurch.

*Magische Spontanphänomene:*

Würzburg, meine Universitätsstadt. Ich werde bei dem Friseur Rittsteiger neben dem „Russischen Hof " rasiert. Ein nagelneues, mustergültig eingerichtetes Lokal mit vielen Spiegeln, Marmoreinrichtung. Vor mir steht ein hohes Glas auf einem Filzuntersatz, leer. Während des Rasierens spricht man mit mir über okkultistische Phänomene, da ich in jenen Tagen meine großen öffentlichen Erfolge in Würzburg hatte. Mehrere Angestellte schauen zu, da kein Gast sonst im Lokal ist.
„Wenn ich doch auch einmal etwas erleben könnte!" sagt da ein Angestellter.
Ich fühle, hintenübergebeugt und bereits eingeseift, wie eine seltsame Kraft von mir ausgeht. Mir ist, als sei ich durch ein Fluidband plötzlich mit dem weit außer Reichweite stehenden hohen Glase verbunden. Plötzlich kracht es, und vor aller Augen legt sich das hohe Glas um, ein Stück über dem starken Fuß platzt heraus und ist wie zertrümmert, oben der Trinkrand des sich umlegenden Glases bleibt ganz! Buchstäblich war ein ganzer Teil quer herausgeplatzt. Die Zeugen erschraken heftig und dürften dies seltsame Phänomen kaum jemals vergessen.
Café Wien, Würzburg. Wieder meine Studentenzeit. Wir sitzen in dem damals noch sehr kleinen und intimen, entzückend eingerichteten Café und plaudern über okkultistische Phänomene. (Man nannte mich in Würzburg kurz den „Zauberer".) Hinter uns, etwa einhalb Meter entfernt, ein hoher Spiegel an die Wand

geschraubt.
„Moecke, zaubern Sie einmal etwas!" sagt eine Dame übermütig. Ich bin ein wenig ärgerlich wegen der Uzerei. Da fühle ich plötzlich, wie wieder eine Strahlkraft von mir nach dem Spiegel geht, ich drehe mich rasch um, da der Tisch aufschreit und – fange gerade noch den hohen, geschliffenen Spiegel, der an den Schrauben abgeplatzt ist und sich in seiner ganzen Höhe auf uns zu stürzen droht. Ich kann dem Spiegel gar nicht nahegekommen sein, denn die Ursache wurde sofort von dem materiell daran interessierten Inhaber untersucht. Kaum waren wir einigermaßen über den seltsamen „Zufall" beruhigt, denn man wollte dies als Zufall erklären, als sich wie zur Opposition wie von selbst das kleine, schwere Zuckerschälchen vom Tische bewegte und auf den immerhin elastischen Parketthoden fiel, um durch diesen einzigen, niedrigen Fall und trotz seiner Dicke sofort so zersplittert zu sein, dass es aussah, als habe jemand sekundenlang mit einem Hammer darauf herumgeschlagen. Das geschah so plötzlich und so ostentativ als Antwort auf die „Zufalls-Hypothese", dass die Teilnehmer an der Tischrunde förmlich erbleichten. Wir haben später mit aller Gewalt ein gleiches Schälchen auf den Boden geschleudert, ohne dass es überhaupt zerbrach, nach Wiederholung brach es einmal mitten durch, nie und durch keine Kraftanstrengung gelang es uns, auch nur in ähnlicher Weise ein solches Schälchen in so unglaublich feine Splitterchen zu zerschlagen. Beim Fotografieren kommt es wiederholt vor, dass ich an gewissen Tagen das dringende Gefühl habe, man dürfe mich nicht fotografieren. Ich habe immer noch erlebt, dass bei Nichtbefolgung dieses Gefühls noch nie ein Bild zustande kam. Wiederholt platzten sogar dicke Linsen, so in Bad Oeynhausen einmal, als man mich zum Trotz und hohnlachend fotografierte, danach platzte trotz größter Vorsicht die Platte in tausend Splitter, und auch sonst pflegt die Platte zu zerspringen an solchen Tagen, oder irgendein Missgeschick verhindert das Bild. Öfter waren auf Bildern schon mehrere Gestalten außer mir zu sehen. Während einige Male sogar Edelsteine beim zufälligen Fixieren mitten durchsprangen, kam es gegenteilig auch schon vor, dass

hauchdünne Gläser, die auf Fliesen fielen, oder meine Uhr, die eigentlich hätte zertrümmert sein müssen, weil sie zertreten wurde usw., ganz blieben.

*Spiegelmagie* ist ein ganz besonderes Gebiet okkultistischer Forschung. Alte Leute pflegen nicht zufällig oder aus purem Aberglauben ihre Enkel vom Spiegel hinwegzuholen. Im Jahre 1919 auf dem Redenberge in Königshütte in Oberschlesien, also meinem Gymnasialort, saß ich mit einem Schulfreunde, der sich nicht recht vorstellen konnte, dass ausgerechnet ich, als nüchtern und skeptisch immer schon bekannt, mich zum Hellseher entwickelt hatte. Ich berichtete von meinen damals bereits sehr erfolgreichen öffentlichen Vorträgen in wissenschaftlichen Vereinigungen (in dem entzückenden Brieg bei Breslau). Er wollte selbst etwas erleben. So nahm ich sein Taschentuch und konzentrierte mich. Da sah ich ein Bild, das ich für ein Symbol hielt: Einen Knaben von etwa zwölf Jahren vor einem Spiegel, im Spiegel erscheint ein haariges Hundegesicht, der Knabe fällt um und ist ohnmächtig. Ich glaubte, es sei symbolisches Hellsehen und schilderte, was ich sah, da ich das Bild nicht zu deuten wagte: Mein Schulfreund wurde außerordentlich erregt, fragte mich, ob ich denn noch nie bemerkt habe, dass er nie in einen Spiegel oder eine spiegelnde Fläche sieht? Er sei tatsächlich als Zwölfjähriger durch eine hässliche Hundefratze, die im Spiegel erschien, ohnmächtig geworden und hasse seitdem Spiegel.

Ein anderer Fall: Gelnhausen bei Frankfurt, das von zahlreichen Spukhäusern durchsetzte Städtchen. Ich schlafe im Bodenkämmerlein meines Freundes E. Ein alter Spiegel steht neben dem Bett. Im Stockfinstern erscheinen plötzlich zwei alte Damen im Spiegel, schwatzen und gestikulieren. Ich sah es mir eine Weile an, untersuchte den Spiegel genau, aber es störte mich nicht weiter. Am nächsten Morgen merkte ich, wie man auf einen Bericht wartete, man fragte zwar nur „nebenbei", wie aus Höflichkeit, nach meinem Schlaf. Ich musste mancherlei berichten, u. a. auch von den Damen im Spiegel. Man lachte, bestätigte mir, dass andere es auch schon gesagt hätten. Und der Spiegel sei tatsächlich ein Erbstück von zwei

seltsamen, schwatzsüchtigen Tanten.
Ein anderer Fall: Brieg bei Breslau. Ich war Kriegskursist und befasste mich gerade mit einer altgriechischen Übersetzung, als mich ein sehr skeptischer junger Mann vom Lehrerseminar besuchte. Ich wohnte in einer sehr netten, um nicht zu sagen eleganten Wohnung, also durchaus nicht in alten Möbeln. Jener Skeptikus witzelte ein wenig gegen den Okkultismus und meine sagenhaften Anlagen, von denen man damals allgemein in Brieg sprach. Denn ich heilte und hypnotisierte viel und hielt bereits damals Hellsehvorträge in wissenschaftlichen Kreisen (1919!). Er möchte „irgend etwas Sonderbares einmal erleben!" witzelte mein Besucher. Ich hatte keine Zeit und ließ diesen notorischen Widerspruchsgeist und Skeptiker sich allein an meinem Waschtisch dadurch unterhalten, dass er als Sensitiver meine Gebrauchsgegenstände darauf untersuchte, welcher am stärksten „strahle". Ich vertiefte mich in meine Übersetzung, als ein Schrei mich aufschreckte: D., mein Besucher, stand blass und mit gesträubtem Haar am Spiegel und zitterte an allen Gliedern, wütend trotzdem über sich: „Was hast du mit dem Spiegel gemacht? Da schau' ich nicht mehr hinein!" Eigensinnig wie er war, wollte er auf keinen Fall sagen, was ihm passiert sei. Eine Zeit lang saß er trotzig und innerlich mit sich schimpfend da, dann trat er – ich beobachtete ihn nunmehr vorsichtig – von einer Wutwelle gepackt, aus Trotz vor den Spiegel und wartete. Gerade als ich hinsah, schrie er abermals auf, sprang zurück – ich selbst hatte im Spiegel zwei sehr dunkle Augen und eine dunkle Gestalt gesehen, wenn auch nur in Umrissen und schattenhaft. Für mich hatte sie nichts Beunruhigendes, nur sehr faszinierende, deutlich sichtbare Augen. Der Betreffende saß zitternd auf einem Stuhl, schimpfte in sich hinein und war äußerst erregt und verändert. Nach einer Weile verließ er mich, etwas von" verhext" murmelnd, um keinen Preis dazu bewegbar, noch einmal in den Spiegel zu schauen.
Eine Woche später. Mein bester Somnambuler, ein junger Lehrer, liegt auf meinem Diwan, dessen Ausblick zufällig nach dem kleinen Wandspiegel über dem Waschtisch geht. Der Somnambule im Schlaf

will, plötzlich aufschreiend, absolut auf den Spiegel zuspringen, gebärdet sich wie wild und ist mit großer Mühe nur und dadurch, dass wir den Spiegel rasch verhängen, auf dem Diwan festzuhalten. Der sonst ganz harmlose Mensch hat eine Kraft und Wut in sich, dass wir einigermaßen erstaunt sind. Nach Verhängen des Spiegels wegen seines Gebarens befragt, schildert der tief schlafende junge Lehrer genau den von mir eben geschilderten Vorfall, den ich längst vergessen und niemandem berichtet hatte. Seine Wut erklärte er damit, man müsse dem Kerl, jenem D., an die Gurgel gehen; er missbrauche Mädchen in der Hypnose, treibe also „schwarze Magie. Nach einiger Zeit erhielten wir die Bestätigung durch den jungen Mann selbst, der psychisch völlig zusammenbrach. Noch in den letzten Tagen berichtete mir zufällig ein Zeuge Einzelheiten und neue Bestätigungen über die damaligen Fehltritte des D.

*Magische Fernwirkungen* seien im folgenden kurz angedeutet, wie überhaupt das ganze Büchlein ja nur Skizzen der zu berichtenden Erlebnisse enthalten kann. Eigentlich sind die Grenzen zwischen Fernwirkungen und „Nichtfernwirkungen" schwer zu ziehen, denn mit Recht kann man auch Hinduhypnose als Fernwirkung ebenso bezeichnen wie etwa telepathische Wirkungen. Wir wollen darum zunächst einige bunte Erlebnisse verschiedenster Art herausgreifen:

### *Unwillkürliche magische Wirkungen:*

Diese unwillkürlichen magischen Wirkungen pflegen von einer unglaublichen Intensität zu sein. So kam es in Gesellschaft öfter vor, dass von meinem Ellenbogen so starke „elektrische" Schläge ausgingen, dass die davon betroffenen Personen an einen Scherz mit einer starken Taschenbatterie dachten. In Kassel fand ich einmal einen Friseur, der schon während des Einseifens völlig wie „benebelt" hin und her schwankte, und als er das Messer in die Hand nahm, schlief er plötzlich stehend ein und fiel über mich, dass mich sein Messer in größte Gefahr brachte. Ich legte ihn auf zwei Stühle, und ein wundervolles somnambules Medium war entdeckt. Rasieren durfte er mich allerdings nie, er verfiel sofort in Trancezustand. Ähnliche Erlebnisse mit Friseuren, die sensibel waren, hatte ich noch in Zürich und Würzburg. Die Friseure der Orte, die ich zu Vortragszwecken besuchte, werden allerdings wohl auch alle von eigenartigen Hellseh-Experimenten berichten können, die ich während des Rasierens durch den Kontakt mit ihnen machte. Öfter kam es vor, dass Adressen flüchtig gesehener Leute oder Klienten verlegt wurden, verloren gingen. Dann habe ich mit Wissen meiner ersten Sekretärin mich einfach auf die Vermissten konzentriert – und es dauerte nicht lange, so riefen sie selbst an oder schrieben ihre Adresse. Wir haben so Zeit gespart.

Da meine Eltern und alle meine Geschwister stark hellseherisch oder mindestens hellfühlend veranlagt sind, habe ich oft zumal mit meiner Mutter diese Fähigkeit erprobt: Als ich bei Kriegsbeschluss als tot, vermisst, verwundet und verschollen galt, während ich wohlbehalten, wenn auch mit höchstem Fieber, auf dem Rückmarsche war, machte meine Mutter eines Tages den Badeofen zurecht und erklärte auf erstauntes Befragen, dass ich in dieser Nacht ankommen werde. Da der Weg von der äußersten Frontspitze bei Chateau-Thierry, wo ich gelegen hatte, bis nach Ostoberschlesien nicht gerade kurz ist, lachte man über diesen Einfall meiner Mutter, was sie aber gar nicht störte. Als ich nachts nur leise irgend etwas pfiff, wusste meine Mutter sofort, dass ich da sei: „Komm nur herauf, der Badeofen ist schon fertig!" rief sie kurz vom Balkon herunter!

Hatte ich als Kriegskursist in Brieg nichts mehr zu futtern, öffnete ich kurz meine Brotschublade und dachte: „Es könnte nun auch wieder Brot ankommen!" Prompt erhielt ich mit der allernächsten Post das Gewünschte. Wenn Mutter in der Kirche sitzt und der Vater oben an der Orgelbank, so präludiert er öfter unbestimmte Melodien und denkt dabei, Mutter möge ihm „sagen", welches Lied er spielen soll. Ihm fließen dann bald gewisse Melodien in die Finger, und das sind die von Mutter nach „oben" telepathierten.

## *Fernwirkung nach einem Spuk*

In meiner seit 1919 datierenden offiziellen Okkultisten-Praxis kamen oft seltsame Hilferufe an mich. So „spukte" es in einem Hause auf der Ritterstraße in Kelbra am Kyffhäuser derart, dass die geängstigten Leute es schließlich nicht mehr ertragen wollten. Es spielte auch bei geschlossenem Deckel auf den Klaviertasten, rumpelte umher und hinderte sogar die Einwohner beim Schreiben. Man erbat Hilfe von mir. Da ich von meiner Tätigkeit als Leiter der „Deutschen Okkultistischen Zentrale in Kassel-Wilhelmshöhe" nicht abkommen konnte, telepathierte ich einfach nach dem Spuk, ohne jedoch den Einwohnern etwas zu melden. Ich, wollte eine Beeinflussung der Beobachter vermeiden. Bald meldete man genau die Reaktionen des „Spukes", die ich empfunden hatte: Erst sehr wesentliche Verstärkung wie aus Opposition, dann plötzliches Aufhören wie nach Besiegtsein durch meine Wellen.
Ein Dieb trieb sein Unwesen in der Nähe von Oberrosen bei Breslau, so dass man mich mit meinen somnambulen Medien, jungen Lehrern aus Brieg, in das Dorf berief. Ich schläferte hierbei auch einen jungen Breslauer Lehrer Schein, der sogar hellsehend die Visitenkarte an der unbekannten Wohnungstür des unbekannten Diebes lesen konnte. Dann beschrieb das Medium den Dieb in einem Zimmer nebst allen anderen Personen, ebenso den Weg zu dem Wohnhause des Diebes. Um den Dieb nun im Freien stellen zu können, ließ ich das Medium fernwirken und fernwirkend den Dieb zum Verlassen des Hauses bewegen. Als das Medium erklärte, er komme jetzt die Treppe herunter, ließ ich das schlafende Medium am hellen Sonntagmittag nach dem Dieb laufen. Es sprang mit unglaublicher Behändigkeit über Hecken und Zäune und kannte förmlich nur den Luftlinienweg, um hinzukommen. Wir fanden einen Hof genau wie beschrieben, und schon kam auch der beschriebene Dieb aus dem Hause, wurde vom Medium mit ungeheurer Kraft angefallen und angeschrieen: „Du bist der Dieb!" Der Mann, ein junger Hüne, viel größer als das Medium, konnte sich nicht rühren und gab in der Bestürzung alles zu. Ich ging

dann in das Haus und las an der beschriebenen Tür, die ich sofort fand, die Visitenkarte, die das Medium beschrieben hatte nebst Geburtstag des Täters, der ebenfalls stimmte (Ich brauche kaum hinzuzufügen, dass das Auftreten des Mediums und seine Leistung eine ungeheure Sensation für die ganze Gegend bedeutete, zumal uns ein törichter Pastor als „Menschen mit dem Teufel im Bunde" von der Kanzel predigte und daraufhin erst recht von weit und breit aus den Dörfern die Neugierigen herbeiströmten.)

### *Fernwirkung in Gefahr*

Unter das Kapitel Fernwirkung gehört auch mein in dem Büchlein „Hellseh-Wunder" bereits eingehender beschriebenes Erlebnis mit dem Architekten Weiberg aus Lamspringe, als er mich in Wilhelmshöhe besuchte. Ich sah, mitten während eines Spazierganges im Sonnenschein, wie seine mir bis heute unbekannten Kinder in L. „an einer brummenden Maschine" spielten. Den erschreckten Eltern war sofort klar, um welchen Apparat es sich handelte, und da die Frau W. besonders um ihre Kinder bangte, konzentrierte ich mich stark, die Kinder sollten von dem Motor ablassen. Sie taten es auch aus einem plötzlichen Angstgefühl, wie sich später bei ihrer Bestrafung nach Heimkehr der Eltern herausstellte.
Fernunterstützung eines Kartenspiels könnte ich jenes eigenartige Erlebnis nennen, das ebenfalls in dem „Hellseh-Wunder" bereits geschildert ist. Es handelt sich um jene Bitte eines Lehrerseminaristen H., ich sollte ihn beim Kartenspiel beraten – obgleich ich nichts davon verstand – er wolle gewinnen, um seine Schulden loszuwerden und dann nie mehr spielen. Nach dem Heimkehren sah ich zu meinem Erstaunen eine Spielkarte auf meinem Teppich liegen, griff danach und weg war sie. Denn es war nur eine sehr plastische Vision. Ich merkte mir dann die Karte, und als ich jenen H. nächsten Tag mitten in einer Übersetzungsarbeit über den Spieltisch gebeugt stöhnen sah, wollte ich ihm helfen, kannte aber den Ort des Spiels nicht und telepathierte immerzu das Bildnis

jener Karte – etwa „Grün Ober“ – und er gewann tatsächlich auf diese Karte. Mit einer Zeugin, der ich von dem Versuch gerade erzählte, um einen Beleg zu haben, fühlte ich H. herannahen, und bald kam er auch pfeifend um eine Straßenecke, um sich freudestrahlend zu bedanken.

Durch Fernwirkung die Sprache verloren hat eines Tages in Ohlau der damalige Kriegskursist W., der ein hervorragender Somnambuler und in diesem Zustand vorzüglich hellsehend war. (Er „sah” kurioserweise mit dem Knie, mit dem er sogar verschlossene Briefe bei verbundenen Augen lesen konnte.) Ich wohnte in Brieg und sollte auch ihn nach der Erzählung von dem Brieger Erlebnis mit H. einmal zu Experimentalzwecken beim Kartenspiel beeinflussen. Eines Nachmittags schlief ich nach Yogaübungen fest ein, und ich hatte das Gefühl, in einen ganz tiefen Trancezustand überzugehen, sah mich auf dem Schienenstrang nach Ohlau dahineilen, sah mich dann plötzlich in Ohlau, wo ich am Kriegskursus zusammen mit W. teilzunehmen hatte, sah mich in W.s Wohnung und zur Tür hereinkommen, während sein Bruder, der Jurist, mich anrief: „Moecke, machen Sie keinen Unsinn!” Mein Freund W. saß auf dem Bettrand und starrte mich entsetzt mit aufgerissenen Augen an, fiel dann um und konnte nicht reden. Soweit meine Vision. Als ich erwachte, glaubte ich, jahrelang tief geschlafen zu haben und war kreideweiß. Am nächsten Tage in Ohlau auf dem Wege nach dem Kriegskursus begegnet mir der Mitkursist Z.: „Moecke, was haben Sie mit dem W. angestellt?” Ich war erstaunt und behauptete, gar nicht in Ohlau gewesen zu sein. „W. und sein Bruder haben Sie bei verschlossenen Türen gesehen. W. hat seitdem die Sprache verloren. Sein Bruder hat eine furchtbare Wut auf Sie!” Ich war einigermaßen entsetzt darüber, dass meine „Vision” offenbar ein viel intensiveres Erleben war, und als W. in das Unterrichtszimmer trat, immer noch stumm und gestikulierend, trat ich ihm entgegen und da löste sich seine Sprache, so dass er mich mit Vorwürfen überhäufte und schließlich alles so schilderte, wie ich es erlebt hatte. Sein Bruder wurde erst recht böse, als er mich traf, und auch andere Zeugen

können die seltsame Fernwirkung bezeugen.
*Magische Streiche im Ballsaal* gelangen mir wiederholt in Würzburg, wo ich einmal im „Bahnhofshotel" die Tanzkapelle fernbeeinflusste, dass sie nicht aufhören konnte, zu spielen, ohne dass jemand außer meinen nächsten Begleitern wusste, woher die Wirkung kam. Es war gerade ein Studententanztee, und etliche auswärtige Gäste, die die Wirkung beobachteten, wurden auf meinen seltsamen Versuch aufmerksam.
Besonders auffallend war aber ein gleicher Versuch, als ich einmal in der Studentenzeit in Würzburg auf dem alljährlichen, berühmt gewordenen „Kickers-Ball" im „Huttenschen Garten", wohin ich im Smoking mit Turban als Inder gegangen war, die Kapelle telepathisch veranlasste, ohne den gestrengen Herrn Musikdirektor in der Pause das Spiel wieder aufzunehmen und trotz aller Gegenbefehle nicht darauf zu reagieren. Damals hielt man mich für einen echten Inder und ließ mich durch Herren vom Orientalischen Seminar prüfen, die auch sehr zu einer positiven Bejahung meines „Inder"-tums neigten, als ich über die Veden und Upanishaden zu diskutieren vermochte und ein miserables Deutsch radebrechte, obgleich die ganze Stadt mich bei meiner Stadtbekanntheit hätte erkennen müssen.
*Logen-Experimente der Fernwirkung* wurden öfter angestellt, als wir unsere überaus straffe okkultistische Loge, eine Zweigloge der „Indischen Loge", in Brieg bei Breslau hatten. Wenn ich nachts, zumal in einer Regennacht, die das Gelingen erschwerte, hellseherisch feststellte, dass die Brüder schlafen gegangen waren, ließ ich die Entreetür offen, legte einen Zettel mit der Aufforderung, still einzutreten, auf den Spiegel im Entree, stellte mich selbst konzentriert an den Tisch und verharrte in diesem konzentrierten Rufzustand, bis die meisten Brüder durch meine telepathischen Befehle versammelt waren. Sollten gerade solche wohlbeglaubigten Leistungen nicht dazu anregen, wieder eine handfeste Okkultisten-Loge zu begründen?
Strafe für einen Meineidigen bedeutete meine eigentlich ungewollte

Fernwirkung von Ohlau nach Brieg, als in Brieg der Kriegskursus im Examen stand. Ich kam von dem Gedanken nicht los, dass sich an diesem Tage an einem Mitkursisten ein „Gottesgericht" vollziehen müsse. Der Betreffende hatte nämlich gegen seinen besten Freund einen Meineid geleistet, der diesem Freunde, einem Mitkursisten, das ganze Leben hätte zerstören können. Als ich nach Brieg zurückkam und den Betreffenden auf dem Ringe beglückwünschen wollte, da er sehr gute Examensaussichten hatte und meiner Meinung nach glatt durchs Examen gekommen war, trat glücklicherweise ein anderer Kursist auf mich zu und sagte zu mir: „Na, das haben Sie aber fein gemacht! Die Prüfungskommission hat sich gleich gedacht, dass Sie es waren!" Ich verstand nicht, was gemeint war, man wollte es gar nicht glauben, auch als andere hinzukamen, denen ich gratulierte. Es stellte sich heraus, dass der betreffende Meineidige trotz seiner glänzenden Vorkenntnisse im Examen derart geistig benommen war, dass er zuletzt weder seinen eigenen Geburtstag, noch das Vaterunser, noch die kleinste Fragenbeantwortung heruntersagen konnte. Es trat darauf bei der Prüfungskommission, zumal bei den Herren, die nunmehr an den abgelegten Eid des Betreffenden denken mussten, ein großer Schrecken ein, und es fielen buchstäblich die Worte von einem „Gottesgericht". Der Betreffende, mit der beste Teilnehmer des Kursus, fiel glatt durch.

Ehe ich auf magische Heilungen zu sprechen komme, noch einige *magische Spukerlebnisse:* Ein sehr gebildeter Russe, der in Würzburg Jura studierte, besuchte mich eines Tages wieder, und wir unterhielten uns in Gegenwart von Zeugen über magische Erlebnisse. „Wenn ich doch auch einmal etwas erleben könnte!" war wieder seine Bemerkung. Ich erklärte ihm, einem ungewöhnlich geistvollen Menschen, dass ihn wahrscheinlich auch krasse Erlebnisse kaum in seiner Weltanschauung lange beeindrucken würden. Er wiederholte aber seinen Wunsch. Im gleichen Augenblicke, am hellen Nachmittag, löste sich ein kleines gerahmtes Bild über dem Sofa, auf dem er so saß, dass er es gerade beobachten musste, überschlug sich und stellte sich vor ihm auf, als wolle es eine dreiste, herausfordernde Antwort auf seinen Wunsch sein. Der Russe erblasste, um dann sofort sachlich das Bild zu untersuchen: Die kleine Aufhängeöse war an dem Bilde und der Nagel, an dem es mangels anderen Materials befestigt war, steckte ebenfalls ganz fest. Das Wesentlichste aber war nun, dass der Kopf des Pappnagels viel zu breit war, als dass er durch die Öse gegangen wäre. Noch nach Jahren musste der Russe die Tatsächlichkeit dieses eigenartigen Erlebnisses bezeugen.

*Ein Kaffeelöffel wird selbständig:*

In meiner gegenwärtigen Wohnung am Kurfürstendamm pflegt es besonders dann zu „spuken", wenn man über okkultistische Themen oder über Pläne spricht. Und wenn man Sonntags ganz allein in der Wohnung ist, wenn alle Türen fest zugeschlossen sind, dann hört man deutlich Türen gehen oder obendrein jemanden durch die Zimmer „latschen", ohne dass man jemanden sieht. Oft schon erschreckten sich Besucher, aber ganz schlimmen Schrecken jagte den Zeugen einmal ein Kaffeelöffel ein, der – wieder an einem Sonntagnachmittag – ganz allein im Nebenzimmer in der Tasse zu rühren begann! Die Zeugen zitterten wie Espenlaub, obgleich gerade sie öfter gegen derartige Erlebnisse gesprochen hatten.
*Ein unsichtbarer Würger* macht sich oft in einem Haus in Krefeld bemerkbar, in dem längere Zeit auch ein Medium Karl du Prels wohnte: In dem rheinisch steiltreppigen Hause hörten wir sehr oft derart laut und deutlich nachts jemanden die Treppen schweren, wuchtigen Schrittes herab oder emporsteigen, dass wir aus allen Etagen in den Flur kamen, weil wir es alle gehört hatten, und das Haus auf Einbrecher untersuchten. Oft klirren da ganz schwere Ketten die Treppen auf und ab, und man kann mitunter die schwarzen Umrisse einer großen, sehr massiven Gestalt erkennen. Einmal, als ich dort im Parterre schlief und der Spuk wieder besonders laut und unverschämt rumort hatte, so dass aus allen Etagen Geängstigte herauskamen, fühlte ich die schleimig-kalte

Gestalt des „Unwesens" in meinem Schlafzimmer, wie sie auf meinen Schlafgefährten zuschwebte. Man sah deutlich glimmende Augen in dem schwarzen Nebel, der sogar dahinter befindliche hellere Gegenstände verdunkelte. Ich beobachtete still und angriffsbereit, als sich auch schon die vor Schreck eiskalte Hand meines Schlafgefährten nach mir hilfesuchend ausstreckte, denn der Betreffende hatte die Sprache verloren und wurde sichtlich von etwas gewürgt. Ich machte Licht, schüttelte den wie gewürgt starr vor sich Hinschauenden, der zu sterben schien, und es begann ein furchtbares, magisches Ringen zwischen mir und der entsetzlichen Kraft, die meinem Gefährten förmlich alle Lebenskraft auszusaugen schien. Ich durfte ihn gar nicht loslassen, denn meine Lebenskraft musste ihn lebend erhalten. Wie eine Eiseskälte strömte es in ihm, der das typische Leichengesicht annahm, bis ich ihn mit dem Kreuzzeichen bezeichnete und alle verfügbare magische Kraft zusammennahm, den bereits Sterbenden ins Leben zurückzurufen, obgleich er Abschied und Jenseitsvisionen zu flüstern begonnen hatte. Deutlich konnte ich meinen schrecklichen Gegner in dem hellerleuchteten Zimmer fühlen. Dieser Kampf, der mit meinem Siege endete, war der schrecklichste magische Kampf, den ich bisher in all meinen hier gar nicht andeutbaren Erlebnissen ähnlicher Art hatte. Jener Dämon lastet wie ein Fluch und Unsegen über jenem Hause, in dem kein Mensch glücklich werden kann und selbst die Tiere immer wieder unsichtbare Wesen anbellen, anfauchen und angreifen.

### *Spuk tötet Pferde:*

Als ich noch cand. med. et phil. in Würzburg war, erhielt ich eines Tages von einer staatlichen Domäne aus dem Hohenzollernschen auf einen Radiovortrag über Stuttgart hin den dringenden Hilferuf der Pächter: Die besten Pferde im Ställe würden trotz allerstrengster Bewachung mit aufgeschlitzter Zunge tot aufgefunden, ohne dass auch nur entfernt eine Ursache zu finden sei, ich solle zu Hilfe kommen. Ich schrieb sofort zurück, meinem Gefühl nach müsse der

Stall in den Gewölben eines uralten Klosters untergebracht sein, und so war es auch. Ich fuhr hin und kam, unbemerkt von den Dorfleuten, an, untersuchte unauffällig die Stallungen und das Gehöft, prüfte gefühlsmäßig die sonst geäußerten Verdachtsmomente und kam zu dem Schluss, dass es sich um einen von den „Gelehrten" so gern belachten „Spuk" handeln müsse. Also begann ich unter Zuhilfenahme meiner magischen Kenntnisse und einiger indischer Räucherkerzen unauffällig mit einer magischen Behandlung der Stallung. Gleich bei meinem Eintritt wurden die Pferde sensibel und unruhig, und aus den Ecken fühlte ich wie Eishauch magische Wirkungen, die die Tiere beunruhigten. Ich kann nur ganz kurz andeuten, dass ich durch meine magischen Exorzismen die Schwingung im Stall wesentlich zu verändern vermochte, bis die Tiere ganz ruhig wurden und ich das Gefühl hatte, dass nun die magische Spukwirkung überwunden sei. Ich verließ den Ort mit der Voraussage, dass nun kein Tier mehr eingehen werde, es waren neben den besten Pferden auch Hühner eingegangen, es würden nur durch Unfall Tiere später eingehen. (Es handelte sich um das widerrechtliche Erschießen umherlaufender Wachtelhunde.) Der Pferdebestand ist bisher nicht mehr behelligt worden.
*Einen Klosterspuk* fand und behandelte ich gelegentlich meiner Versuche im Zusammenhange mit dem Seligsprechungsprozess der Katharina Emmerich im Augustinerkloster in Würzburg, der der Öffentlichkeit nicht bekannt war. Der Spuk, als Stöhnen und Flüstern und Belästigung des Schlafbedürftigen, wirkte in der Zelle des Priors, ohne dass er auf die kirchlichen Gegenwirkungen reagiert hätte. Ich gab dann gewisse Vorschriften, nach deren Befolgung die Spukwirkung aufhörte. In der Chronik des Klosters dürfte sich laut Angabe des damaligen Chronisten, eines Paters R., die entsprechende Eintragung finden.
Interessant ist auch, dass ich hellsehend eine magische Gebetswirkung eines Paters zu sehen vermochte. Als wir, eine größere Gruppe von Patres in der Zelle versammelt waren, bewegte sich ein Pater nach der Spukecke, als ich in seinem Rücken eine

bläuliche Flamme aufflackern sah, die ich als Gebetswirkung erkannte und auch als „Stoßgebet” bestätigt wurde. Übrigens wurde einem Pater, der sich in die Spukecke begab, vor allen Zeugen der Arm völlig steif gemacht, und vor uns allen konnte der Pater, durch *magische Spukwirkung* gelähmt, den Arm nicht wieder herunternehmen, bis ich Gegenstriche machte und gegenwirkte. Aus Raummangel kann ich nur ganz kurz schildern, aber es dürfte nicht häufig eine Spukwirkung vor so vielen Zeugen so stark wirksam sein, zumal bei Klosterleuten, die selbst magische Kräfte entfalten.

*Magische Heilungen* könnten in Fülle erzählt werden, zumal ich in Brieg bei Breslau eine umfangreiche Magnetopathenpraxis hatte, obgleich ich kaum zwanzig Jahre alt war, in den Jahren 1919 und 1920. Meine magischen Heilkräfte hatte ich im Felde und Kriegslazarett beobachtet (siehe die Biographie: „Wie ich Hellseher wurde„), und um sie zu erforschen, behandelte ich, als ich bereits hypnotisieren konnte, unzählige „unheilbare”, aussichtslose Fälle von Epileptikern, neurasthenisch Gelähmten, die ohne Krücken wieder heimgingen, schwere Lähmungen anderer Ursachen, Sprachfehler, Geistesgestörte und Schmerzen aller Art. Die Verhinderung einer Armamputation, die ich in Brieg erlebte, dürfte ein sehr krasser Heilerfolg sein: Eine Dame war die Treppe heruntergestürzt, hatte offenbar die Armnerven dabei beschädigt, so dass der Arm völlig abstarb und wie ein dunkelhäutiger, hässlicher Besenstiel auszusehen begann. Er sollte darum amputiert werden. Einen Tag vor der Amputation wurde ich bei einem Besuche vorgestellt. Die offenbar hysterische Dame verfiel in Hypnose, und der Arm begann sich selbständig zu machen, indem er sich bewegte und in der sofort gründlich vertieften Hypnose behandelt wurde. Die starke posthypnotische Wirkung und die erteilten Suggestionen erzielten jedenfalls eine Wiederbelebung des Armes, und die Dame, heute noch in Brieg auf der Martin-Schmidt-Straße wohnhaft, hat heute noch ihren gesundeten Arm.

*Die Behebung einer langjährigen Armlähmung* gelang mir in der Schweiz bei einem gewissen Z., der in Zürich in meine Sprechstunde kam, etwa im Jahre 1922, allerlei Methoden und Heilweisen bereits erfolglos angewandt hatte und von mir dahin diagnostiziert wurde, dass seine Lähmung mit dem Gebrauch einer Messingangel zusammenhinge. Der Betreffende verließ glückselig schon nach einviertelstündiger Behandlung mit beweglichem Arm meine Sprechstunde, um nur noch an einigen Tagen durch Weiterbehandlung in der Heilung gefestigt zu werden. Der Fall erregte großes Aufsehen in Zürich. (Das Haus, das mir der glückliche Mensch schenken wollte, habe ich nicht angenommen.)

*Die magische Wirkung eines Toten* dürfte eine geeignete Überleitung zu meinem Schlussbericht sein: Ich war im Jahre 1925 Hauptredakteur der bisher größten okkult-wissenschaftlichen Fachzeitschrift, „Der Okkultismus", die ich unter Mitarbeit der Universitätsprofessoren des In- und Auslandes herausgab. Die Abteilung „Paraphysik„ sollte der bekannte Paraphysiker Grunewald leiten, der kurz vor Übernahme der Abteilung das Spukmedium Zugun untersucht hatte. Ich erhielt von G. keinerlei Nachricht und musste ihn eines Tages zum Beginn des ersten Artikels ermahnen. Da sah ich sein Phantom in meinem Zimmer in Würzburg auf mich zutreten und mir freundlich die Hand auf die Schulter legen: „Schreib mir nicht, ich bin ja gestorben." Ich glaubte meiner Vision nicht, schrieb aber zunächst den Brief nicht. Einige Tage darauf kam die Post und brachte Drucksachen, die ich ungelesen auf das Bücherregal legte. Wieder wollte ich schreiben, als mir G. erschien, sehr verschwommen und stumm. Er deutete wehmütig nach meinem Bücherregal und verschwand. Ich blätterte daraufhin in den Drucksachen und fand die „Zeitschrift für Parapsychologie" dabei und am Schluss die Notiz, dass kurz vor Redaktionsschluss die Nachricht vom tragischen Tode (Erstickung) des G. eingegangen sei. (Obgleich mir G. unbekannt war, hatte ich ihn einige Wochen vorher veranlasst, seine Selbstbiographie zu schreiben, die er mir auch schenkte.)

*Eine „Totenerweckung"* sei zum Schluss kurz geschildert, denn sie dürfte in der Geschichte des Okkultismus nicht viele Parallelen finden: Durch ein seltsam zwingendes Unruhegefühl wurde ich im Jahre 1920 etwa veranlasst, von Oberschlesien nach Niederschlesien zu einem Logenbruder, dem Lehrer M. in der Nähe von Guhrau, zu fahren. (Sohn des Hauptlehrers M. In Lanken.) Dort zwang es mich eines Vormittags, zu der mir unbekannten Schwester des M. in einem Nachbarorte zu gehen. M. weigerte sich, es war sehr heiß. Ich ging allein los, querfeldein. M. kam mit, und wir trafen seine etwa dreijährige kleine Nichte mitten unter einer Anzahl von Bienenkörben im Garten spielend an. Wir plauderten dann lange mit seinem Schwager, der als Hauptlehrer schnell noch eine Dorftrauung in seiner Eigenschaft als Standesbeamter vornahm, setzten uns dann, als die Schwester des M. aus der Stadt kam, zum Mittagessen und plauderten lange über okkultistische Dinge, da ich bereits als Hellseher sehr bekannt war.

Plötzlich stürzte die Magd herein: Das Kleine sei in der Jauchegrube! Wahnsinnsschrecken der Eltern, in der Grube sieht man nur stillstehend die ätzende Jauche, kaum ein Zipfel des Kleidchens schwebt unter dem braunen Spiegel. Die Mutter stürzt hinein, holt das Kind heraus. Schrecklicher Anblick, das Kleine tot, dick aufgedunsen, Blut unter dem Näschen, Augen verdreht. Die Mutter reißt sich die Haare aus, will sich umbringen, mit Mühe halten Dorfbewohner sie fest. Der Vater will wiederbeleben – das Kindchen ist steinhart und zerbricht eher, ehe es sich bewegt. Da packt mich eine seltsame Kraft, man macht Platz, ich nehme das Kind, reiße im Zimmer alle Kleider ab, werfe mich über das Kind auf die Knie, strahle Kraft in das Körperchen ohne Leben, versuche Belebung des Kiefers, des Bauches, fühle ein Entspannen der Haut und knie mit aller Gewalt in den Magen, den Kiefer aufreißend. Ich hole Schlamm aus dem Rachen, knie immer wieder wie brutal hinein, inspiriert, magisch strahlend. Das Kindchen schreit – ich belebe Stück für Stück, säubere, wasche, belebe, bete förmlich. Das Kindchen, dann eingewickelt, zum Schwitzen gebracht, holte sich nicht einmal eine Lungenentzündung und lief am kommenden Tage wieder umher! Ich wusste, warum ich der „inneren Stimme„ gefolgt war, es war die größte magische Tat meines Lebens!

## Weitere Bücher aus dem Christof Uiberreiter Verlag:

### Das goldene Blatt der Weisheit

Seila Orienta/Franz Bardon

Zum ersten Mal in der okkulten Literatur wird die 4. Tarotkarte des Hermes Trismegistos verständlich beschrieben und offengelegt. Sie beinhaltet unbekannte Konzentrations- und Meditationsübungen. Des Weiteren gibt sie Hinweise und erklärt die Unterschiede zwischen Magie und Mystik und Gefahren des einseitigen Weges. Am Ende steht die Verbindung mit der universellen Gottheit, dem Herrn der Sonnensphäre, welcher quabbalistisch „Metatron“ genannt wird.

*

### 5. Tarotkarte – Mysterien des Steins der Weisen

Seila Orienta/Franz Bardon

Dieses Buch stellt die Vorderseite der Alchemie dar, die die einzelnen praktischen Übungsschritte erklärt, ohne die verschlüsselten Mystifikationen der alten Alchemisten auch nur annähernd zu erwähnen, wie man es aus den anderen Büchern des Franz Bardon kennt. Es wird erklärt, dass ohne vollkommene Beherrschung der 4 Elemente keine Alchemie möglich ist. Des Weiteren wird mit den einzelnen Ebenen, mit den Matrizen, dem elekromagnetischen Fluid usw. gearbeitet. Doch der Hauptpunkt stellen die göttlichen Eigenschaften wie z. B. die Allmacht dar, mit denen der Göttliche Stein der Weisen durch gewisse Übungen geladen wird.

*

### Talismanologie und Mantramkunde

Seila Orienta/Franz Bardon

Zum ersten Mal werden hier (magisch) geladene Mantrams – Gebetssätze – preisgegeben, welche bei nötiger Reife, Ausgeglichenheit und Reinheit durchdringende Erfolge versprechen.

Mantrams sind ja nach Bardon nicht irgendwelche „Suggestionssätze“, sondern sie sind Ideenausdrücke, mit denen man mit Mächten, Kräften, Eigenschaften, also Gottheiten, in Verbindung kommen kann. Gleichzeitig werden die dazugehörigen Siegelzeichen der göttlichen Ideen preisgegeben, welche im rituellen Zusammenhang mit den Mantrams stehen. Ein Buch, dass nicht nur die Hermetiker sondern auch die Anhänger der Yogawissenschaften inspirieren wird!

*

**Eine Sammlung der schönsten und lehrreichsten Beschwörungsgeschichten**

Hohenstätten

Dieses Buch ist einzigartig, denn es zeigt den zweiten Band von Franz Bardon an Hand von interessanten Evokationsberichten, die genau das bestätigen, was Bardon in seinem Buch geschrieben hat, und noch darüber hinaus. Es werden sensationelle Erlebnisse geschildert, die man sonst niemals findet. Auch aus unveröffentlichten Schriften wird zitiert.

*

**Verkörperungen des Meister Arion**

Hohenstätten

Man wird beim Lesen dieses Buches nicht glauben, wie viele bekannte und unbekannte Inkarnationen Franz Bardon hatte. Die paar, die im „Frabato“ bekannt gegeben wurden, stellen nur einen geringen Teil seiner Verkörperungen dar. Wir mussten, da es dermaßen wenig Literatur über die Verkörperungen gab, wieder hunderte und aberhunderte von Büchern, Aufsätzen, Zeitschriften und Artikeln durcharbeiten, bis wir genügend Material für dieses Buch hatten. Aber der Leser wird sich beim Lesen sicherlich über unsere Arbeit freuen, denn sie wird ihn in Erstaunen versetzen!

## Shamballa, der goldene Tempel des Lichts

Hohenstätten

Dieser Tempel dürfte jeden Leser von Bardons Roman „Frabato“ fasziniert haben. Dass es aber in der okkulten Literatur noch viel mehr Informationen darüber gibt, die man aber nur findet, wenn man alles Veröffentlichte gelesen hat, dürfte dem einen oder anderen unbekannt sein. Es wurden wieder ganze Stöße von Büchern durchgesehen und das Ergebnis wird hier veröffentlicht. Es wird aber gleichzeitig darauf hingewiesen, wie viel Schundliteratur es darüber gibt, wie viel Lügen im Umlauf sind, damit sich der Schüler der Hermetik ein klares Bild machen kann. Wir bringen in diesem Buch alles, was wir an Material darüber gefunden haben und es wird auch noch einiges aus der eigenen Erfahrung, was das Wertvollste ist, mitgeteilt. Nicht nur über den Tempel wird berichtet, sondern auch über die damit verbundene „Bruderschaft des Lichts“, dessen Sitz er darstellt.

*

## Auf der Suche nach Meister Arion

Hohenstätten

Diese Autobiographie eines Schüler der Hermetik des Franz Bardon schildert sein magische Leben, in welcher zahlreiche Erfahrungen zu den Übungen aus dem Adepten geschildert werden, die die Hauptperson selbst erlebt hat. Es wird der schwere Weg des Adepten aus autobiographischer Sicht gezeigt, seine vielen Tiefschläge, aber auch seine glanzvollen Seiten und Zeiten. Der harte Kampf mit dem Seelenspiegel wird bis in alle Einzelheiten aufgezeigt, genauso wie die vielen anderen Wege, in welche der Autor reinschnupperte um dadurch reichlich Erfahrung sammeln zu können. Darüber hinaus enthält es unzählige Erfahrungen und Berichte betreffs Mantramistik nach Bardon, die wahre Runenmagie, zahlreiche Evokationen sowie Invokationen mit seinem Lehrer Anion, einen magischen Exorzismus, wie er bisher noch nie öffentlich geschildert wurde.

Mentalreisen, Beeinflussungen, Übungen zur Gottverbundenheit, Erscheinungen, Alchemie, Heilungen mit den verschiedensten magischen Methoden z. B. Quabbalah oder durch die Elemente, Schutzgeistevokationen und viele andere magische „Wunder“ seines Freundes und Lehrers Anion. Auch einige magische Fotos in Farbe, ein bisher von Bardon unveröffentlichtes Akashafoto von Christus und ein Bild des schwebenden Meister Arion werden in diesem Buch preisgegeben. Der Inhalt ist viel reichlicher, als hier kurz beschrieben werden kann.

*

**Magisches Gleichgewicht**
Hohenstätten

Dieses Buch zeigt eindeutig, dass in allen anderen Systemen das „Gleichgewicht“ genauso gebraucht wird, wie bei Bardons Werken. Er war nicht der einzige, der das erwähnte, aber er war der erste, welche es deutlich erklärte, denn die anderen Systeme sprachen nur durch das Symbol, welches nicht jedem Leser verständlich war. Obendrein bringen wir nochunveröffentlichtes vom Meister Arion zu dieser Grundlage der magischen Entwicklung.

*

**Das Leben und die Erfahrungen eines wahren Hermetikers**
Seila Orienta

Diese Autobiographie eines Magiers ist unübertroffen, denn bis jetzt hat kein einziger, okkult Geschulter, so offen und ehrlich gesprochen wie Seila Orienta. Er gibt in diesem Werk sein Leben bekannt, sowie seine zahlreichen und äußerst interessanten Erlebnisse und Erfahrungen. Es werden auch zum ersten Mal Fotos von Wesen der Sphären gezeigt, welche Franz Bardon höchstpersönlich in den 20ern gemacht hat. Des Weiteren schreibt Seila Orienta über die Sphären, über Dämonen, Logenkontakte und vieles vieles mehr, was einem ehrlich strebenden Hermetiker das Herz übergehen lassen wird.

## Das Leben des Franz Bardon
Hohenstätten

Dieses Buch beschreibt das Leben des Meisters außerhalb des Frabatos, welches seine Sekretärin – Otti V. – geschrieben hat. Es beinhaltet Erklärungen zu seiner „Biografie“, weitere Einzelheiten über den Kampf mit der FOGC, seine Beziehung zu Wilhelm Quintscher und anderen Okkultisten, was alles bisher unbekannt war! Des Weiteren werden viele Erlebnisse seiner Schüler in Prag erzählt, verschiedene magische Leistungen und interessante Geschichten Bardons beschrieben, die bis dato unveröffentlicht sind. Es werden auch seine drei Lehrwerke und deren Wirkung auf die Öffentlichkeit von einem anderen, unbekannten Standpunkt geschildert, welcher durch bisher schwer zugänglichen Schriften unterstützt wird. Als Krönung wird seine aus dem tschechischen übersetzte „Runenschrift“ zum ersten Mal veröffentlicht. Auch einige Seiten aus anderen unveröffentlichten Schriften von ihm sowie interessante Fotos des Meister Bardon und seiner Freunde werden hier Preis gegeben und vieles, vieles mehr.

*

## In Verbindung mit der Gottheit
Hohenstätten

Über das Thema der Gottverbundenheit mit all seinen Formen und Methoden wurde bis heute noch nie ein Buch verfasst geschweige denn eine Schrift geschrieben. Man findet in der okkulten wie in der östlichen Literatur nur spärliche Hinweise, die größtenteils verschlüsselt sind oder so geschrieben wurden, dass man sie kaum versteht. Im Gegensatz dazu wird in diesem Buch offen dargelegt, dass das 1. kleine Arkanum der 78 Tarotkarten die Gottverbundenheit in ihrer Reinform darstellt.

**Hermetische Heilmethoden**
Hohenstätten

Dieses Buch stellt in der okkulten Literatur ein absolutes Unikum dar, denn über die Gesamtheit der okkulten Heilmethoden wurde bis jetzt noch NIE etwas sinnvolles geschrieben. Es werden alle Heilmethoden erwähnt, die der hermetische Schüler mit Hilfe seiner bisher erlangten Konzentrationsfähigkeit ausüben und verwenden kann.

*

**Erste hermetische Zeitschrift**

„Der hermetische Bund teilt mit" ist eine der wenigen magisch-mystischen Zeitschriften, welche sich soweit als möglich auf die universelle Lehre von Franz Bardon bezieht. Sie versucht sich an die Gesetze des 4-poligen Magneten zu halten und vermittelt Wissen sowie Hinweise für die Praxis, damit der Leser die Möglichkeit hat, sie in seinen hermetischen Weg aufzunehmen und für sich gewinnbringend zu verarbeiten.

Noch viel mehr hermetische Literatur finden Sie auf unserer Website: http://www.hermetischer-bund.com.

Viel Vergnügen beim Stöbern!

Der Verlag

www.ingramcontent.com/pod-product-compliance
Ingram Content Group UK Ltd.
Pitfield, Milton Keynes, MK11 3LW, UK
UKHW020230250726
13967UKWH00001B/281

9 781291 223750